姚崇略——著

我不是人家說的那種 HERO

11篇 檢察官法庭陪伴與法律實踐的故事

推薦序

在幽默與感動的故事中，接住檢察官的溫柔

演員　張鈞甯

崇略學長是我的德文課同學，那是一個非常快樂的德文班。裡面有同學會做好吃的東西帶來跟我們分享；有特別關心大家，到現在還會定期舉辦聚會的班長；有搞康樂氣氛的股長……等各個年齡層不同的同學。當時，學長在其中並不特別多話，只知道這位不多話的學長，未來會去德國繼續進修法律。其實，當時的學長對法律學養已很精專，

對於同是法律人的我來說，這樣的法律前輩，總教我尊敬，又覺得有些距離。然而即便如此，我還是在上課的過程中，感受到了學長時不時的幽默感……。

我的直覺果真是對的，沒想到多年之後，他用了淺白的話語出了一本關於檢察官的書。與其說是認識檢察官的工作的書，不如說他是用幽默有趣的方式，藉由介紹一些經常發生在我們身邊的故事，從中帶出一些法律知識，給對於法律總感到艱深害怕的每一個你。而且，除了幽默，我更藉由閱讀本書，發現學長的更多面向：比如，在〈她需要的幫助不是刑罰〉一文中，看見他用善良溫柔改變當事者對司法的信任態度。在〈破碎的感情，刑法怎麼救？〉一文中，他敏感細心感受到當事人情緒，以及事件背後的核心情感，說服當事人不起訴。藉由這個案例，他帶著讀者關注制度之下的人性，理解我們常說的情理法究竟為何。學長也有調皮的一面，在〈罵人難道也有藝術？〉一文中，學長竟然還教人罵人，罵人不帶髒字真是個藝術，但也得有學長靈活的腦袋才有用啊！除此，我也在〈檢察官，我聽不懂〉一文中，看到學長的理想抱負，藉由本文，學長呼籲政府司法通譯需要受到重視，也盼政府能在此議題上有所改革。

另外，這本書還提醒大家不要被詐騙以及成為詐騙集團的一分子。過程中學長跟對方鬥智的過程，也是看得我哈哈大笑，讓我想起多年前差點被騙的經驗，有機會一定跟學長分享，未來學長書賣太暢銷出第二集時，搞不好可以成為他文中的案例！本書還有像推理小說的環節，在〈你說謊，檢察官會知道〉一文中突然感覺學長似乎變成柯南，抽絲剝繭還原真相，讓作偽證的證人百口莫辯。沒想到除了演員之外，檢察官更需要敏銳的觀察力。想到此，就迫不及待學長能有更多的案例分享，搞不好人性的部分可以讓我未來用在戲劇角色上！除此之外，〈旁聽席上獨自哭泣的媽媽〉竟然還把我看哭了，看到學長那份因著理解的心，而做出的種種貼心行為，真的很讓人感動。一個好的法律人，果然是在對於生命的理解與尊重之下，在情理之後，才使用法條去規範人的行為，一點都不冰冷啊！

總而言之，這是一本很好看的書，好閱讀、好笑、好感動的書。看著一篇篇有趣的故事外，還能增長對於法律所不熟知的知識。文中，竟看到自己的名字被共同朋友調侃而噗呲一笑，不會是因為這樣，才找我寫推薦序文吧?!好吧！既然都寫到我的名字了，更要好好推薦一番！相信一旦翻開本書，你就會和我一樣，一口氣在飛機上讀完，欲罷不能！

推薦序

好好看，請大家要好好看看

詩人導演 盧建彰

這書我讀得很快，因為都是故事，精采的故事、讓人一掬同情之淚的故事、讓人捧腹大笑的故事，還有讓人感到憂傷低迴闔上書頁喟嘆的故事。以小說家平路對好故事的定義：手指沾了書頁就停不下來。這本書，做到了。

噢，那些都是人生啊。

這本書可以感受到作者的誠心，用極度口語的方式，娓娓道來，帶著耐心和愛心，好好地說明，好好地把那些人們不小心犯下的過錯，或者現實世界裡可能的縫隙，以一種平靜但溫暖的口吻，好好地跟我們分享，我覺得非常棒。最重要的是有教育意義。

我爸爸曾經跟我說，世上有兩件攸關生死但在台灣的人們卻普遍缺乏的知識，一樣是急救知識，另一樣是法律知識。

這兩樣都會在你人生重大的關頭派上用場，而且，都會創造巨大的人生轉折，輕則讓你幾日憂愁，重則讓你終生後悔。但不知道為什麼，在我的學校教育歷程裡，我似乎嚴重地匱乏與不足。

我自己看到法律相關的書籍，都會有興趣去翻看。可是，問題來了，過去多數法律相關書籍是給專業人士看的，裡頭多是專有名詞，不，我甚至必須說不是專有名詞的問題，是書寫方式的問題。或許因為不是面對一般大眾，因此並不追求易懂，往往艱澀難讀，冰冷不口語，導致對大眾溝通的可能降低。

做為寫過幾本小說的我，總是心裡想著，明明有許多精采的故事啊。我們也看到很多國外的小說家，原本本業是律師，因此可以寫出很有魅力的小說，故事是承載訊息最好的載體啊，更是教育的最好機會。

人們害怕教科書，但很願意聽故事呢。

總算，有一本好看又能增加法律知識的故事書了。

老實說，你在那些關鍵時刻，過去那些學校考試會考的東西，可能都瞬間失去意義。尤其是在你面對生活裡不斷間雜出現的選擇要下判斷，在你的職場上面對一個看似無害的選擇時刻，你可能會行差踏錯，只因為缺乏了基本的法律認知。

〈歡迎來到詐騙天堂〉故事裡有對年輕夫妻，因為小孩快出生，先生又剛失業，因此在網路上看到有偏門工作，就去幫忙領錢，一次可以得到三千元，沒想到，就成了詐騙集團的車手。夫妻一起被判刑，而剛出生的孩子因為沒人可以照顧，就只好一起入獄了。原本想好好照顧孩子，結果反而影響了孩子，讓孩子只能在獄中生活。

你說，哎呀，這不會發生在我身上的。但，可能會發生在你孩子的同學父母身上，你在家把自己孩子顧好，但你的孩子還是得接觸社會，這社會不好，我們的孩子會活得好嗎？

這樣說好了，你的老闆交辦了一個工作，請你在文件上簽名，你意識到其中似乎有些違法的疑慮，但依舊為難地簽上了名字。光這樣就讓你暴露在極大的風險裡，讓你的家人和生命財產都在此刻面對了不可預期的未來，而你未必有足夠的敏感度感知到。

說真的，國語數學成績不好，風險都沒有那麼高呢。

還有，在這ＡＩ時代，每個人對於ＡＩ都有各自的焦慮，我倒是覺得，現在是讀故事書的好時候。

因為有許多東西，比方說外顯知識，都會被機器人取代，可是，一些內化的知識，就變得珍貴無比了。

就算你知道什麼都可以問Chat GPT，但在人生重大抉擇時，你無法問它。因為你不知道該用怎樣的問題去問，因為它只能幫你蒐集資料，它目前很難幫你回答人性的幽微。

由於ＡＩ，我們不再需要大量的背誦能力，因此，同理心，也許已經成為人類最具競爭力的一種特質。你理解別人的故事多一點，你就有機會在工作上更有成就，你也會在自己關鍵的選擇裡多一點智慧。

如果你問我，當代什麼樣的能力最能讓人安心地活？我想，也是同理心。

當每個人都能盡量去同理另一個人時，我們社會整體會更祥和，在裡頭生存的個體也將更加愉快，你因為理解他人，而少了些怨懟，多了些體諒，你會睡得好一點。而同理心來自理解他人的故事。

現在，將會是故事最重要的時代。此刻閱讀的你，就是核心。

這本故事書，好好看，請大家好好看看。

推薦語

——**王韻茹**／國立中正大學法律系教授兼中央選舉委員會委員

法律並非萬能，法律人並不是超級英雄，而只是盡其所能之人。

——**邢泰釗**／最高檢察署檢察總長

檢察官能為人民做什麼？做到什麼程度？本書除法普外，也提供讀者一個多元性的視野與省思。

——**林志潔**／國立陽明交通大學科技法律學院特聘教授

相較於在法庭上判斷「人到底是不是眼前的被告所殺」的法官，檢察官的工作範圍很廣，複雜度很高，光是要從茫茫人海中特定出一個犯罪嫌疑人，把他帶到法庭，說服法官和國民法官，並提出證明此人的犯罪到「無合理懷疑的程度」，對我來說，基本上就是神級的工作。

檢察官要應對各種群體，環境犯罪、金融犯罪、國安犯罪、生命身體健康的犯罪，犯罪態樣千差萬別，要同時應對行為人和被害人，同時應對警察、行政機關、企業、人民團體，每一個案件都考驗檢察官的專業，也考驗檢察官溝通協調的能力。

我尊敬檢察官，因為他們做著困難又需要有人去承擔的責任，也願意用我的專業給檢察官們支持。姚檢察官的這本書，用生動的案例和易懂的文字，告訴大家這個「人在做神的工作」究竟是怎樣的運作、有哪些挑戰。對推廣法律普及、讓社會大眾了解檢察官和司法的樣貌，貢獻很大。謝謝姚檢察官的努力，謝謝每一位在崗位上默默奉獻的檢察官。

——**林明昕**／**國立臺灣大學法律學院教授**

檢察官、法官……等司法官，到底在做些什麼？一般人霧裡看花，其實不是很清楚。姚檢以非常通俗的語言，現身說法，娓娓道出自己工作上的經歷，有笑也有淚，讓我們可以很輕鬆地去認識檢察官的職業及其日常；相當值得推薦。

——陳菁徽／立法委員

看了〈歡迎來到詐騙天堂〉一篇章，實在是心有戚戚焉。

「台灣的詐騙，已經是指數型的成長，二〇二三年一整年，民眾被詐騙的金額高達八十八億，而且報案的件數呢，幾乎直逼四萬件，非常的誇張。」這是我甫在總質詢對陳建仁院長質詢的第一題。姚檢用自己生活中的小故事，以及承辦的詐騙案件，告訴大家其實詐騙已經無所不在，不只受害者到處都是，甚至只是希望「打零工」的民眾也會不小心成為詐騙的共犯。

其實，上述的詐騙統計數字，在立法院已經是不分黨派的委員日日追問的議題。那日，我們最終是要告訴行政單位，內政部的「打詐」影片宣導，成效極其不佳，甚至廣發的雲端資料夾內，被人誤放柯文哲市長選總統的競選錄音都沒人發現，代表過了這麼久，根本沒人注意。

數字是冷的，但每一個因為詐騙案件而破碎的人生或是家庭都是悲傷哀痛的。詐欺案件的飛漲，不只受害者家破人亡，更已經對基層檢警的工作負荷造成嚴重衝擊。即便追查成功，人頭帳戶與車手占絕大部分，真正的法外惡徒還藏在幕後，詐騙首腦仍不斷吸收人手詐騙。

做為民意代表，我們會一再、一再、一再地去提醒、告誡行政單位，不管是不是嚴刑峻罰，詐騙的問題必須要被面對、被解決。只希望為官者能以蒼生為念，好好地來保護民眾，也能拯救被詐騙案件淹沒的地檢署。

司法官可以說是中華民國最優秀的公務員之一，工作內容卻也最複雜專業，感謝姚檢願意用這麼通俗、淺白且生動的方式，來讓人一窺檢察業務。我要說，好書！值得一讀！

——**黃致豪／律師**

融合法普與閱讀人情之樂於一作，照見檢察與秋霜烈日之艱於一書；法律人應讀，非法律人必讀。樂以薦之。

獻給每一位在司法工作上堅守崗位的人

目次

自序

為什麼要寫這本書？

「檢察官都在做什麼啊？」

「檢察官？啊是要『檢查』什麼？」

「你們念法律的人講話都很難懂耶！寫那什麼東西，我每個字都認識，但是合起來我就看不懂。」

「檢察官很兇耶，被告不承認的話就會被收押起來。」

「是不是長官叫你們辦什麼，你們就照指示去辦什麼？」

「現在檢察官還有『有錢判生、沒錢判死』嗎？」

以上是我身邊的人——不管是認識很久的朋友、同學，還是剛見面的人——知道我是檢察官之後，典型會有的幾種反應。

我常說，會變成檢察官，在公務體系內做事，不僅嚇到周遭熟識我的朋友，也嚇到自己。在我成長的過程中，我曾經想過要當職業籃球員、新聞主播、飛行員或是演藝人員，就是沒想過要當檢察官。在我大學畢業之後，當檢察官，也從來不是我的第一選項。

但是，就這樣誤打誤撞成為了檢察官。做了這麼多年，雖然因為這份工作而看了很多社會與人性的黑暗面，但是還是很有趣、很有意義；從這中間學習到很多新事物，也可能可以在某些案件中幫助到別人。

如果有人來問我，檢察官是在做什麼？假設我的回答是按照教科書上寫：「檢察官是法治國家的法律守護者，在刑事訴訟程序中有重要的地位，不僅要對警察的犯罪偵查工作做合法性控制，也要對法官的判決做合法性的審查，而且要就有利或不利於被告的情事一併加以注意，可以說是全世界最客觀中立的官署。」聽我講完這些的人，一定會像黃捷對韓國瑜一樣，翻白眼翻到後腦杓去，然後心裡想：「哩洗咧供三小？」＊

有一次，在跟我的同學聊天，同學說：「其實，我也不太知道檢察官在做什麼，但是檢察官在我們社會似乎又很重要，你們好像應該讓一般民眾多多知道你們到底在幹麼。公務部門常常都不懂行銷，如果讓大家知道你們都在幹什麼，可能司法信賴度會高一點吧。」

我想想同學的話滿有道理的，但是要怎麼樣讓一般民眾知道檢察官都在幹麼呢？於是我想到，如果把我曾經經辦過的案件，加上一點改編，用說故事的方式讓民眾知道檢察官在幹什麼，或是了解刑事訴訟中一些比較重要的制度，也許可以讓民眾在不知不覺中增加一點法律常識。畢竟，人都愛聽故事的嘛。所以有了寫這本書的念頭。不過，因為工作時間太長，加上有一點懶惰，要不是我的同學盧建彰先生高度熱情鼓勵，加上我的編輯施彥如小姐的大力督促，這本書可能會胎死腹中，所以要特別感謝他們兩位。

這本書裡的故事，每一件都是我親手經辦過的案件，但是為了敘述一些法律制度的方便，每個故事都有經過幅度大小不一的改編，希望大家不用努力去查證故事裡的主角究竟是誰，或是將誰對號入座。我只是想透過講述他們的故事，讓大家對於司法的工作或制度有更多一點了解。

多年前，在蔡英文總統召開「司法改革國是會議」之前，有媒體來採訪我對於司法改革，以及司法要怎麼樣可以接近人民一點的看法。我跟記者聊了很多，在報導的最後，我說：「法律語言和一般語言的落差一定要解決。第一線的檢察官或法官，要讓當事人覺得司法有好好處理他們的事。我也希望政府多做基礎法治教育，讓更多人理解我們在做什麼。無論如何，檢察官還是很有意義的工作，到目前為止，我還是會想繼續做下去。

也不是說什麼捍衛正義之類的，只是我覺得很多弱勢的犯罪被害人，沒有能力請律師，這時能幫助他們的，就只有檢察官了。」

用「白話文」去解釋法律制度跟法律的規定，讓案件當事人不管是起訴或被不起訴，都可以知道檢察官寫的東西是什麼意思；也就是讓人民覺得司法其實可以親近一點，這是我近幾年一直努力的方向，也是我寫這本書的初衷。

最後，謝謝你們翻閱這本書。希望你們有感覺到我用白話文講一些法律制度的努力。如果這本書有讓你們對於檢察官工作，或是刑事訴訟制度有更進一步的了解，甚至看了這本書之後有想當檢察官的念頭，那麼也算是對這個社會有一點點小小的貢獻吧！

＊編按：本書爲保留作者語氣，內文中的台文字予以保留，僅以編注方式根據「教育部臺灣閩南語常用詞辭典」補充之。你是咧講啥潲？（Lí sī teh kóng siánn-siâu?），即「你是在說什麼鬼話？」。

檢察官？檢查官？

關於檢察官工作的一些基本介紹

成為檢察官，本來並不是我念法律系畢業後的第一志願（大學聯考後我原本的第一志願是政大新聞系）。大學畢業後，其實一開始比較想當律師，因為感覺律師總是很光鮮亮麗。在通過國家考試進入「司法官學院」（以前叫「司法官訓練所」）上課，以及到地方法院跟地方檢察署實習之後，經過了跟同學討論跟考量，總覺得檢察官的工作跟法官比起來，比較動態與多元化。所以當時結訓分發，我決定先到檢察機關看看，之後如果有其他打算再說吧！

念了法律系之後，很多同學或朋友都會問我，是不是要背很多法條？說實在的，就算當初通過國家考試時，我也沒辦法一字不漏地背出幾條法條。與其說強調記憶力，法律訓練更重視的是邏輯推理跟演繹歸納的能力。所以，親愛的朋友們，不要再相信沒有根據的話了！更何況現在電子版法條查詢功能這麼方便，真的不用再花腦力去背條文了！（當然，如果考國家考試的話，重要的法律條文還是要背一下啦！）

自從開始了檢察官的工作，無論是周遭親朋好友，或偶爾到學校跟高中生座談最後的問與答時間，第一個問題都是：「檢察官或法官開庭的時候要戴假髮嗎？」我一貫的答案都是笑著說：「你們電影或是港劇看太多了啦。」在台灣，法庭上除了要穿法袍之外，是不用戴假髮的。多年前，我第一次到英國倫敦觀光，走著走著無意間經過「皇家法庭」（The Royal Courts of Justice），便順道進去參觀，親自摸過那頂假髮的材質，當時我心裡想，那假髮戴了應該超熱的吧！戴著這頂假髮開庭，開完庭之後頭會不會很臭？而且，不是每個人戴起假髮都可以像劉德華那麼帥（可以參考劉德華主演的《法中情》系列）。

在英國的法庭上，法官、檢察官跟律師都是穿著黑色的法袍。但是在台灣，不同角色，法袍的顏色就會不一樣，所以在法庭上很容易就可以分辨誰是誰。以刑事法庭來說，穿藍色法袍坐在法庭中間的就是法官，在兩旁的，穿紫色的是檢察官，穿白色的是律師。當然有時候會看到刑事法庭上有穿綠色法袍的，那就是公設辯護人啦。

檢察官在做什麼？

那麼，很多人可能都有疑問，檢察官在做什麼呢？

要先跟大家澄清——檢察官是檢「察」，不是檢「查」——差一個字差很多！

有一次在我家，我的小外甥問我：「舅舅，什麼是檢察官？」

「你怎麼會問這個問題？」我一臉疑惑。

「因為媽媽說你是檢察官，那是什麼？」

「這樣啊，檢察官就是跟警察叔叔一起抓壞人的。」

過了一陣子，小外甥有一天放學回到他家的時候，正好我跟姊姊在通電話，小外甥在電話那一頭跟我說：「舅舅，老師今天說要檢查手帕衛生紙，我跟我老師說，我舅舅最會『檢查』，因為他是『檢查官』。」

我聽了哈哈大笑。顯然他還是沒有搞懂檢察官是在做什麼的。

又有一次，我去牙醫同學的診所看牙。看完之後，診所櫃檯的護理師拿健保卡還給我時，問：「姚先生，我們張醫師說你是檢察官喔？」

「嗯。」我微微地點頭。

「那請問一下檢察官都在檢查什麼東西？」

「檢查大家有沒有帶手帕衛生紙啊！」

「ㄏㄚˊ……」護理師有種被驚嚇到的感覺。

「開玩笑啦，檢察官不是在檢查東西，是在負責找到犯罪的人，拿出證據，把犯人送到法院讓法官判刑啦。」我趕緊解釋。

「喔。」護理師尷尬地微笑一下。

這樣誤會的事情已經發生不只這兩次了。

其實，很多人聽到「ㄐㄧㄢˇㄔㄚˊ」，會自然而然地想到「檢查」，而不是「檢察」。甚至，很多當事人要寄書狀給我的時候，也常常寫成「○○○檢『查』官收」，所以也不能怪大家都認為我是檢「查」官啦。

至於為什麼叫「檢察官」？其實我也很想知道，所以我就上網Google了一下，有人說「檢察」一詞最早出現在中國唐朝，《資治通鑑．唐紀八》記載，唐太宗李世民對黃門郎王矽說：「國家本置中書、門下以相檢察，中書詔敕或有差失，則門下當行駁正。」意思是說，中書令為皇帝起草的詔敕（皇帝頒布的法律文告）要交給門下省複驗，用以改正詔敕文稿中的缺失。所以在唐朝，「檢察」二字是有校正、監督的意思。後來到了清朝，法部右侍郎沈家本引進西方法制，修訂大清新刑律，並主持制定刑事訴訟律草案，沈家本沿用中國古代有的官制，把Prosecutor翻譯成「檢察官」，用來表示法律監督的意涵，這個詞就一直用到現在啦。

在台灣長大的人應該都對《包青天》這齣戲不陌生，甚至很多人對於「司法」的印象就是來自於包青天。包青天斷案如神，衙門裡明鏡高懸，是公平正義的代表。或許對許多人來說，包青天就是我國司法的最佳圖像。但是大家仔細想想，包青天是怎麼辦案？包青天通常都是派展昭去抓犯人，抓到之後就到開封府審判，有時候犯人不承認犯罪，還要先打個幾十大板，打到承認為止；判了死刑，還不能上訴，馬上用龍頭鍘或虎頭鍘砍頭（好像還有狗頭鍘？）這樣球員兼裁判的行為，實在不是現代法治國應該有的司法形象。所以我們接受了西方的檢察官制度，讓檢察官可以在整個刑事訴訟程序中，一方面對於展昭（警察）的犯罪偵查行為做合法性的控制，避免警察用違法的手段取得證據；一方面對於包青天（法官）的判決做合法性的審查，對違法判決提起上訴。這是現代法治國家檢察官之所以存在的必要理由及價值，檢察官也可以說是法律的守護者。

回過頭來，檢察官到底都在做什麼呢？

從法律上來看，「檢察官」這個詞是規定在刑事訴訟法裡面，而刑事訴訟法，顧名思義，就是為了要處罰犯罪的人所進行程序的法律規定。刑事訴訟法裡有規定，在刑事訴訟程序裡的當事人，就是檢察官、自訴人跟被告。簡單來說，檢察官就是在一件刑事犯罪案件中要調查、蒐集證據，向法官證明被告有犯罪的人。

和法官有什麼不同？

另外一個我最常被問的問題就是：「你什麼時候要『升』法官？」

檢察官跟法官是不互相隸屬，法官是隸屬於司法院，檢察官則是隸屬於法務部，所以法官跟檢察官之間沒有升不升遷的問題。法官在法院上班，檢察官在地檢署上班，雖然法院跟地檢署經常都是在隔壁而已，但就是兩個不同的機關。從穿的法袍顏色不相同，大家也可以知道兩者之間是不一樣的。檢察官跟法官之間只有相互調任的情形，也就是說，檢察官可以申請轉任法官，同樣的，法官也可以申請轉任檢察官。至於為什麼要轉任，就是每個人的生涯規劃了（雖然我曾經申請轉任被司法院打槍，這又是另外一個故事了！）

我們可以想像一下，就像籃球比賽一樣啊，穿不同顏色的球衣就是不同隊的。應該不會有人問Stephen Curry什麼時候要升級成LeBron James？因為兩個人不同隊啊，但是LeBron James是可以轉隊跟Curry同隊，一起拿冠軍（或許一些有看NBA的讀者對於這種抱團行為不以為然……）

當然，檢察官跟法官做的事情也不一樣。法官主要有分成刑事、民事跟行政法官，也就是有一般法院（刑事法庭跟民事法庭），還有行政法院。

民事法院處理民事案件。比方說有人跟你借錢不還、付了錢卻買到瑕疵品、房客跟房東之間有租屋爭議，或是去健身房對於健身契約有糾紛等等。

行政法院就是處理行政訴訟案件。例如政府要課稅，但是你覺得政府不應該課這麼多稅（志玲姊姊就因為這樣國稅局打過官司），或是你申請建築執照被駁回，但是你認為這個駁回的決定（就是所謂的「行政處分」）是違法的，也可以提起行政訴訟。

至於刑事法院，當然就是處理刑事訴訟案件。當有人偷拐搶騙時，這些案件都歸刑事法院管。

（原則上）檢察官只負責刑事案件

前面有講到，檢察官就是要調查證據，證明被告有犯罪的人，所以檢察官原則上只有在刑事訴訟程序中才會出現。曾經在一個吃飯的場合中遇到一位長輩，他知道我是檢察官之後，過來跟我聊天，好像想要展現他對法律工作也是有相當程度的認識，很霸氣地直接問我說：「你是檢察官，那你主要是負責民事案件還是刑事案件？」

「ㄜ……檢察官只有負責刑事案件。」我不好意思地小聲說。

「喔，這樣啊，那你可要好好加油啊！」說著說著那位長輩就離開了。

所以啊，跟大家再說明一下，檢察官「原則上」只處理刑事案件。所謂「原則上」，是指檢察官也可能因為法律的規定而出現在民事案件裡，例如民法第八條規定：「失蹤人失蹤滿七年後，法院得因利害關係人或『檢察官』之聲請，為死亡之宣告。」這時候檢察官就出現在民事案件中啦！

刑事訴訟法就是在規範我國整個刑事訴訟程序，而檢察官會出現在一個完整的刑事訴訟程序的每個時間點。完整的刑事訴訟程序大致可以區分成：偵查、起訴、審判跟執行——這幾個階段都可以看到檢察官的身影。

刑事訴訟法有規定，檢察官因為告訴、告發、自首或其他情事知道有犯罪嫌疑的時候，應該立即開始偵查。所以依照法律規定，檢察官只要有風吹草動、知道可能有人犯罪，就可以主動開始偵查犯罪。不過大部分的時候，如果有人犯罪，通常民眾會先到警察局報案，或是到調查局檢舉，等警察或調查局先行初步調查案情後，再交由檢察官繼續偵查。

犯罪偵查是檢察官工作的大宗，但是剛剛有提到，檢察官會出現在整個刑事訴訟程序當中，所以一個案件如果經過檢察官「偵查」後，向法院提起「公訴」，接下來就會在法院開始「審判程序」。在法院的審判程序當中，「公訴檢察官」會到法院「蒞庭」（詳見〈旁聽席上獨自哭泣的媽媽〉，頁六十四），負責向法官說明起訴的犯罪事實，並舉出證據說服法官被告確實有犯罪。在審判程序終結後，如果法院認定被告有罪，會做成一個有罪的判決，並宣告被告的刑期。檢察官收到法院的確定判決之後，就會開始「執行程序」。如果是名人犯罪，大家就可以在電視裡看到某個名人要入監服刑了。

檢察官在辦公室內：閱卷、開庭、訊問、審核搜索票

跟「公訴檢察官」和「執行檢察官」比較起來，「偵查檢察官」的工作內容比較多元化。偵查檢察官並不是單純坐在辦公看卷宗資料而已，如果從大方向來看，偵查檢察官的工作地方可以分成「辦公室內」跟「辦公室外」。

在辦公室內，檢察官主要是檢視警察或調查局的調查官移送的卷宗資料，擬定接下來的偵查犯罪方向跟策略。在決定偵查的方案之後，接下來需要開偵查庭訊問被告、告訴人或相關證人，同時要蒐集或調取相關證據。等到調查結束之後，檢察官就必須要對案件做出最終的決定，這些決定有可能是「起訴」（包含聲請簡易判決處刑）、「不起訴」或「緩起訴」。而不論做出何種決定，檢察官都必須寫一份「書類」，也就是「起訴書」、「聲

請簡易判決處刑書」、「不起訴處分書」，或是「緩起訴處分書」。

在辦公室裡除了閱卷、開庭及撰寫書類之外，偵查檢察官每個人都要輪流值班，包括假日，每天都會有一個檢察官在地檢署值班，應付每天發生的刑事案件或突發狀況，一般把這樣的值班叫做是「內勤」。規模比較大的地檢署會細分為「內勤一組」跟「內勤二組」，所以一天就有兩個檢察官負責內勤值班。通常內勤一組檢察官就是負責立即訊問現行犯跟通緝犯——因為刑事訴訟法有規定，被拘提或因被通緝逮捕的被告，要立刻送到指定的檢察機關，確認有沒有抓錯人。另外，刑事訴訟法也有規定，警察自己逮捕或是接受一般民眾逮捕的現行犯，要即刻解送給檢察官訊問。簡單來說，警察逮捕到現行犯或通緝犯後，要馬上送到地檢署交給檢察官訊問。地檢署接收被逮捕的人犯以後，檢察官應該要立刻進行訊問，訊問完之後決定是不是要向法院聲請羈押，或是讓人犯交保、限制住居或直接將人犯釋放。

至於內勤二組檢察官，主要是負責警察機關為了拘提犯罪嫌疑人到場時核發拘票，或是警察為了調查犯罪嫌疑人犯罪情形和蒐集證據，認為有搜索或通訊監察（最簡單的講法就是「監聽」）的必要，檢察官看了警察蒐集的相關證據後，再向法院聲請核發搜索票或通訊監察書。

檢察官在辦公室外：犯罪現場、執行搜索扣押、相驗

前面有講到，檢察官的工作比較動態，所以檢察官也常常需要走出辦公室外工作。

檢察官在辦公室外的工作，除了例行性地到監獄視察，以及到各區或各鄉鎮公所視察調解業務之外，最常見的就是到犯罪現場勘查現場狀況，或是與警調人員一同進行搜索及扣押證物。

「勘查現場」的部分，比方說到車禍現場看看發生車禍的路段道路狀況、交通流量，或燈光照明情形等；到殺人案件現場看看打鬥過後狀況，或是到發生工安事故現場，看看工作環境有沒有符合勞工安全的規定等等。

「搜索扣押」——應該大家不陌生，常常可以看到新聞報導有關金融犯罪，比方說內線交易或公司掏空時，就可能會有檢察官跟警調人員一起到公司或銀行進行搜索，同時

扣押相關帳冊或文件；毒販利用海運貨櫃走私毒品，檢察官也會會同查緝人員一起去開啟貨櫃；選舉期間查察賄選時，檢察官帶隊前往候選人可能涉嫌賄選的地點，查扣選舉人名冊或是現金等等，也經常能在新聞上看到。

並不是每件案件都需要去現場勘查，或是執行搜索扣押，每個檢察官遇到這樣需要外出辦案的情形也不一樣。但是，每個檢察官都會輪流在辦公室外的工作，就是「外勤」值班。

外勤值班就是「相驗」，也就是俗稱的「驗屍」。刑事訴訟法有規定，如果有非病死或懷疑是非病死的人，檢察官應該要盡速去相驗。換句話說，就是只要一個人的死亡有懷疑可能不是因病死亡，那麼就要由檢察官去相驗來確定死亡的原因。雖然說是檢察官要前往相驗，但是既然是檢驗屍體，坦白說檢察官並沒有足夠的專業能力，可以透過檢驗屍體的方式來確定死因，所以實際上，檢察官是跟法醫一起前往驗屍地點（大部分就是在殯儀館），由法醫來檢驗屍體，法醫再跟檢察官講他所看到的屍體狀況，再配合死亡現場調查到的跡證來綜合研判。在相驗的過程當中，檢察官跟法醫可以說是互相合作，合力找出死者的死因。

通常相驗的整個程序是，當家屬或有其他人發現死者死亡，會先到派出所或分局報案，警方派人到屍體所在地勘查現場狀況，拍照、蒐集現場與死亡相關之證物，並且對家屬、發現人或證人（如果有的話）製作筆錄，之後大部分的情況會將屍體運往殯儀館。警方完成工作之後會通知檢察官，檢察官就會與法醫一起去相驗。法醫檢驗完屍體，會把所看到的屍體外觀情形告訴檢察官，檢察官看完警察蒐集的現場跡證及照片，跟法醫一起討論，如果可以從屍體外觀，及現場跡證判斷死亡原因及方式，那麼就會現場開立「相驗屍體證明書」，讓家屬可以辦理後事。如果無法判斷，那就要進一步進行解剖確認死因。如果檢察官認為需要解剖以釐清死亡原因，則經由相驗的法醫通知在台北的法務部法醫研究所，由法醫研究所指派法醫來解剖。

刑事訴訟法只簡單地規定了檢察官要相驗，除了實際的檢驗屍體之外，其實還有很多的事前準備及事後的善後工作。這其中需要警察、法醫，以及其他行政機關或民間機構的協助，單靠檢察官是無法完成。

很多人覺得驗屍是一件恐怖的事情，但因為死亡是一個人人生的最後一件事，檢察官能為一個人做的最後一件事情，就是把這個人的死亡原因釐清，不要讓一個人的一生最後留下疑點。

所以對我來說，死亡現場血腥的畫面，或難聞的氣味並不是很難克服的問題，很難的問題反而是，要怎麼跟死者家屬溝通要對死者解剖、釐清死因？因為對許多的台灣人民來說，是不容易接受親人在死亡後還要被解剖的，尤其是有些家屬在剛接到親人死亡的消息之後，聽到要解剖，常常會很生氣，甚至會失去理智罵檢察官沒有同理心。所以，如何與家屬溝通，讓家屬能夠心平氣和地接受或理解，雖然艱難，但我認為這是檢察官應該要盡力去做的事。

有錢判生，沒錢判死？

檢察官的工作是非常豐富多元而且具有挑戰性，當一個案件發生時，要怎麼運用手上的偵查資源，與警調人員分工合作，在混亂無章的各式各樣證據中抽絲剝繭、一一爬梳，釐清事實以順利追訴犯罪行為，或還被告清白之身，都需要長時間的耐心與細心。

但是令人難過的是，依照最新的民意調查，台灣人民對於檢察官的滿意度只有大約百分之三十；甚至到目前為止，還是有不少人民有「司法就是『有錢判生，沒錢判死』」的觀念。雖然有些人會把民眾對於司法的不信任度，歸咎於媒體長期斷章取義的報導，但不能否認的是，檢察官還是有許多努力空間、讓人民可以更加信賴的地方。或許有些檢察官看到人民的不信任，只是覺得就是一項紙上調查，但我對於這樣的情形卻是有深刻的體會。

那是一個中秋節的夜晚，我回老家跟街坊鄰居一起在家門口前的馬路上烤肉，正當大家開心地聊天、吃烤肉跟喝酒時，有一位鄰居阿姨突然走到身邊問我：「你回來過節喔？最近工作忙不忙？」

「還好啦，雖然案件很多，但是習慣就好。」這是我一向的標準答案。

突然之間，阿姨臉上露出一陣詭譎的笑，輕聲地說：「我跟你說喔，你們『那個』喔，都是用錢買就有的。」

聽到這句話，原本歡愉的心情都沒了，一臉尷尬的我還是跟阿姨說：「阿姨，不至於啦，現在敢拿錢的法官跟檢察官應該沒有了啦，雖然我不敢保證全部沒有，但是我的同事們都是認真做事，不會因為有沒有錢就亂做決定啦。」

「沒有啦，你們那個喔，都是有錢就會贏了啦！」她一邊講，一邊拿走我給她的吐司夾肉。

顯然，我的解釋並不能說服她。

這位鄰居阿姨可說是從小看我長大，應該很了解我的為人跟做事的方式，但是對於我的工作，她卻是這樣的評價。那麼，一般人民到現在對於司法還是有「有錢判生，沒錢判死」，或是「上面長官說一說就沒事」的想法，好像也不用太意外。

要增加人民對司法的信任，光是靠司法機關埋著頭苦幹是遠遠不夠的。幾乎每一位檢察官或法官都覺得工作負荷量很大，常常加班，卻換不到民眾的信賴，的確會消磨工作熱情。但其實，可能很多民眾並不是那麼清楚司法工作的實際內容，對於自己不那麼了解的事情，一旦有什麼負面的消息產生，自然而然會有不好的印象。因此，全面普及的法治基礎教育，是台灣這個法治社會不可或缺的。只有讓人民慢慢了解司法工作的本質內容，人民才有足夠能力去判斷司法新聞的對錯。當然，司法機關也要強化與人民之間的溝通，在任何有爭議的司法新聞發生時，應該立即用人民可以容易理解的語言解釋，減少彼此之間溝通的落差。

在法庭上為被害人發聲的使命感

雖然目前台灣的司法信任度偏低，但檢察官的工作仍是有讓人繼續堅持下去的價值。這個價值倒不是什麼捍衛正義這種冠冕堂皇的口號，而是，每一個案件背後都有一個故事。雖然到了地檢署，那通常不是太愉快，甚至會有點悲傷的故事。不管是所謂的大案或是小案，認真地對待並真心理解每一個進入刑事訴訟程序的被告、被害人或被害人家屬，在了解案件背後的故事之後，做出對每一個程序當事人較好的決定，是這份工作最應該堅持的價值。有時案件結束後，被告、被害人或是被害人家屬跟我說聲「謝謝」，對我來說，那就是繁重工作最好的回饋。

不管司法信賴度如何，在一個法治社會，檢察官還是一個相當有意義的工作。尤其對於沒有資力可以負擔律師費用的被害人來說，能在法庭上為被害人發聲的，只有檢察官而已。

噢，對了，最後再溫馨提醒一下，是檢「察」官，而不是檢「查」官。如果要寫信給檢察官，不要再寫錯囉！

法律小知識

- 檢察官穿紫色的法袍，法官穿藍色法袍。檢察官跟法官沒有誰大誰小，兩個人負責的工作不一樣而已。
- 檢察官負責偵查一個人有沒有犯罪嫌疑，如果有，就會起訴交給法官判決有罪或無罪。所以檢察官跟法官都會開庭，檢察官開的叫「偵查庭」，法官開的叫「審判庭」。
- 原則上只有在刑事案件中，才會看到檢察官，只有少數情形會在民事案件看到檢察官。
- 除了在地檢署辦公室工作，如果在外面，例如在兇殺案現場，跟法醫一起相驗屍體的人就是檢察官了。

地檢署的分案
跟職權不起訴

她需要的幫助
不是刑罰

在偵查庭內，坐在我面前的被告是一位皮膚蠟黃、身材瘦小的婦人，她看著我，尷尬地笑了一下，露出那已經缺了的門牙。

在我收到案子的時候，這本來是一件「速偵」案件，但我還是決定要開庭親自問問這位婦人。因為我看了她的前科紀錄，曾經有兩次竊盜的紀錄，分別被判處了拘役跟有期徒刑。這次又因為竊盜罪被解送，所以我想了解一下她的生活狀況，為什麼又會再犯竊盜案件？

「偵」或「他」字，案號怎麼分？

什麼是「速偵」案件？這就要講到地檢署的分案情形了。每一個案件到了地檢署之後，都會分一個「案號」，可能大家有看過或聽過，比方說，「一〇七年度偵字第二二六六號」，或是「一〇六年度他字第五九八七號」，這些案號是怎麼分的呢？

一個案子到了地檢署之後，如果犯罪的被告身分跟初步涉嫌的犯罪事實都很明確清楚，那就會分「偵」字案號。一般來說，警察移送的案件通常都有明確的犯罪人、事、時、地、物，所以會分「偵」字案號；如果案件的被告身分或是犯罪事實還不明確，那就會分「他」字案號。如果檢察官偵查結果，認為犯罪被告與事實都已經明確，才會將「他」字案號改分為「偵」字案號。

而一般人民到地檢署向值班的檢察官或檢察事務官，用言詞或直接寫狀紙提出告訴，因為被告是誰以及犯罪事實是怎樣，通常交代得比較沒那麼詳細，例如有些人寫狀紙只寫：「○○○因為向我借錢，到現在屢次催討不還，顯然犯詐欺罪。」但是在什麼時間、地點借錢，統統沒有寫清楚，這種情況也會先分「他」字案號。

「偵續」字案號也是常見的案號，這是因為案件先前經檢察官調查之後，做了不起訴處分，告訴人向高檢署（即「高等檢察署」）提出「再議」，高檢署認為偵查程序不完整，證據調查還不完備，要求地檢署檢察官再次查明，才會分「偵續」案號。

「調偵」字案號則是本來是「偵」字案號的案件，在檢察官偵查中，告訴人及被告雙方同意先到各縣市鄉鎮區公所調解委員會進行調解，因為不能確定調解需要花費多久時間，檢察官會「暫時」將「偵」字案件結案。調解委員會在調解程序結束後，會通知地檢署調解成立或不成立，檢察官此時就會將暫時結案的「偵」字案件，再分「調偵」字案號，繼續進行偵查的行為。

會有「速偵」字的案號，顯而易見的就是這個案子，做犯罪行為的被告跟犯罪事實已經明確了，加上證據也十分充足，為了快速進行案件，不要讓被告在刑事訴訟程序中花費太多時間，所以才會分「速偵」字號，目的在於要快速地把案件終結。通常「速偵」案件，都是檢察官值班內勤的時候，經過訊問被告，認為犯罪事實很明確而且證據很充分，直接跟被告說明這件案件將會用「速偵」案件處理，向法院聲請簡易判決處刑，或是給予被告緩起訴處分。這樣案件就會比較快結束，被告也不用多次往返地檢署或法院。

依照法務部公布的「地方檢察署檢察官快速終結案件實施要點」，因為「速偵」案件通常都是較輕微的案件，所以檢察官一旦決定是「速偵」案件後，在短時間內就要制作結案的書類。在值班過後的隔天，依照各地檢署的規定，送給主任檢察官、檢察長核閱以及分案。

對「單純」的案子心中產生疑惑

回到我收到的這起「速偵」案件，看完整份卷宗，案情十分簡單：

被告在火車站前，趁著賣口香糖和一些日常生活用品的身障人士不注意，從放在輪椅上的盒子裡偷了一百元，馬上就離開。被害的身障人士發現錢不見後，馬上向在火車站前的警察報案處理，警察也很有效率地調閱站前的監視錄影畫面一一檢視過濾，然後馬上在附近找到婦人。被告的婦人在接受內勤檢察官訊問時，也承認她確實是偷拿了一百元。

事情已經很明確，的確是可以用「速偵」案件處理。但看完卷宗後，我心裡還是覺得有點疑慮，所以寫了簽呈向主任檢察官及檢察長報告，我想要繼續偵查這件案件，搞清楚我心中的疑惑。

看卷的時候，我看到婦人在警察局接受詢問時，有提出輕度智能障礙的證明，或許因為我多想了，在決定要傳喚被告的婦人到庭之前，我先查詢了她的就醫紀錄。發現她曾經在某醫院就診，而那間醫院有處理許多精神疾病患者案例。於是我又向那間醫院調取婦人的病歷，並請主治醫師簡要說明婦人因為什麼情形去就醫、就醫的狀況，以及是否有持續回診的情形。我想，對這名婦人的生活情形了解得愈多，也許她在開庭時願意講的事情就愈多。

至於被害人的部分，雖然依照警詢筆錄，當警方詢問被害人是不是要提出告訴的時候，筆錄上記載著「我要對她提出告訴」，但這其實可能是警方製作「警詢筆錄」的制式問題，而被害人在案發當時沒有多想，就直接回答。所以我還是想直接問問被害人對這整件事的意見，當然也就寄出傳票，請被害人到地檢署表示意見。

開庭的當天，我刻意把這件案件安排在當天庭期的最後一件，就是想要有時間可以多聽聽被告的婦人是怎麼說。

「我肚子餓啦，我很歹勢！」

當法警在偵查庭外面「點呼」婦人跟被害人的名字的時候，被告婦人幫著被害人推著輪椅進來偵查庭。她先把被害人的輪椅固定位置後，自己站到旁邊，然後對著我說：「檢察官好。」尷尬地笑了一下。可能因為她不是第一次到法院或地檢署，所以能分辨得出我是檢察官。

「你好，我先問你喔，我跟你講話，你能不能聽懂我的意思？我問你問題，能不能自己回答？還是你需要有律師幫你回答？」因為婦人有輕度智障的證明，加上精神疾病的就醫紀錄，我擔心她可能無法理解我想問她的問題，所以先問她是不是需要律師的協助。

刑事訴訟法有規定，如果被告或因為精神障礙，或其他心智缺陷而無法做完整的陳述，自己又沒有選律師幫忙辯護，檢察官應該要通知法律扶助機構，派律師來為被告辯護。但是如果被告認為自己就可以接受訊問，不需要律師幫忙，那就可以繼續訊問。

婦人又笑了一下：「不用啦，我都聽得懂，啊又沒錢請律師。」

「好，那接下來我要問你喔，你聽不懂要跟我說，不要因為聽不懂就隨便回答喔！」

婦人用力點點頭。

依照程序，我還是必須先確認婦人的身分，詢問她的個人資料，她的回答還是挺流暢的。然後我用簡單的口語化方式，跟婦人講她在接受調查時可以有的權利。

「你喔，是不是在某年某月某日，在火車站前面喔，偷拿現在坐在你旁邊的小姐輪椅上鐵盒裡的一百元？」

「對啦，啊我很『拍謝』＊啦！」婦人改用台語回答我。

「你是怎麼偷的？」

「我就走過這位小姐旁邊，看到盒子裡有錢，我肚子很餓，但是沒有錢吃東西，所以我就趁她不注意的時候，偷拿了一百元。」

「那偷拿之後，你去做什麼？」

「啊我想去買東西吃啦，但是還沒有想到要吃什麼，所以在火車站附近走，警察就來找我，問我是不是拿人家的錢。」

「那警察有馬上帶你去找被你偷錢的人嗎？」

「有啦，啊就是這位小姐啦，我馬上把錢還給她了。」

婦人還是一貫地笑著，彷彿在她的世界裡，這件事在還錢之後應該就可以結束了。

「你這樣就是偷東西你知道嗎？」

「我知道啦，我很拍謝啦！」婦人一邊道歉，一邊轉向被害人鞠躬。

我看婦人都能了解我問她的問題，回答時也都非常流暢，就繼續問：「你剛剛說你肚子很餓，沒有錢吃東西，那你平常都怎麼過生活？」

「我就做散工啦，撿回收，我也沒有吃很多，吃一點點就會飽。但是這幾天喔比較沒有回收可以撿，所以我沒有錢啦。」

「那你家人呢？家裡還有什麼人？」

「沒有人了，我一個人住。」

「那你爸爸媽媽呢？有沒有兄弟姊妹？」

「我爸爸在我小時候就死了，我媽媽兩年前也生病死了，只有我一個人，沒有什麼兄弟姊妹。」

「那你現在住在哪裡？」

「住在我媽媽留給我的房子。」

「你媽媽還有留房子給你喔？」

「對啦，她就說留房子給我住，小小的一間而已啦！」

「你之前是不是有去○○醫院看過醫生？」

「對啊。」

「是媽媽帶你去的？」

「嘿啊，因為我有時候會『肖肖』＊＊，所以媽媽有帶我去看醫生。」

「可是我看你的病歷紀錄，後來怎麼都沒有再回去看醫生？」

「啊媽媽死掉之後，我就沒有去了。」

「那你這樣不行耶，我有問過醫生，你要約時間去看醫生耶。」

「我也不知道怎麼去看醫生。」用她一貫的笑容回答我。

一時之間，我也不知道該怎麼幫婦人處理就醫問題。

微罪不舉也是一種方式

我暫時先轉向被害人問：「你被偷了一百元，你都沒有發現？」

「因為我那時候在跟別的客人講話，所以沒有發現她走過來，從盒子拿走一百元。」

「那後來怎麼發現？」

「後來我在算錢的時候，發現好像少了一百元，所以我就馬上跟在火車站前的警察講。警察很快就帶她過來找我，她就把錢還給我。」

「你有確定是現在這個婦人拿了你的錢，後來還給你？」

「對啊，就是她。」

「那你願意原諒她嗎？」

「沒關係啦，她錢都還我了，她好像過得也是很辛苦。」

「你在警察局說你要告她？」

「沒有啦，啊警察問我，我也搞不清楚是什麼意思，我就說對。」

「所以你現在也不告她了？」雖然竊盜罪並不是「告訴乃論」罪（詳見〈罵人難道也有藝術？〉，頁一二〇），我還是問被害人有沒有提起告訴的意思。

「不用了啦，反正她錢都還我了，不要讓她這樣常常跑法院啦。」

「那如果將來我給被告『不起訴』或是『緩起訴』，你同意嗎？」

「ㄏㄚˊ？檢察官，我不知道你講的是什麼意思ㄟ。」

我花了一些時間跟被害人解釋，「職權不起訴」處分跟「緩起訴」處分的意思。雖然依照證據認為被告有犯罪，但是某一些類型的犯罪，可以說是犯罪程度比較輕微的案件，檢察官可以考量刑法第五十七條規定，例如犯罪的目的、動機、被告的生活狀況、智識程度、犯罪所造成的危險或損害，以及犯罪後的態度等等，可以依檢察官的權限，決定給予被告不起訴，或是要求被告履行一定條件而暫時不起訴（緩起訴）的處分。

「不起訴」處分當然就是不會向法院提起公訴；至於「緩起訴」處分，則是有一定的觀察期間，比方說一、二年，如果被告在這段期間內履行了檢察官提出的條件，而且也沒有再犯其他的罪，那麼檢察官就會確定不向法院提起公訴，被告也等於沒有前科紀錄。

被害人聽完我的解釋之後，點點頭說：「這樣好啦，不要讓她進去關啦。」

我看著婦人說：「你有聽到這位小姐剛剛講的，她說願意原諒你，然後也同意我可以給你不起訴或緩起訴處分，這樣你懂嗎？」

「謝謝啦，檢察官我下次不敢了啦！」

「那我再問你喔，你之前有因為偷東西被判刑兩次對不對？」

「對啦。」

「為什麼要偷東西呢？」

「因為沒有錢，肚子餓啦，一次在超商，一次在菜市場拿。」

「那你這樣，沒有錢吃飯就會去拿別人的東西，下次還是會發生啊？」

「不會啦，檢察官，我不敢了啦！」

看著婦人有點無助的眼神，當下我其實也無法確定婦人怎麼做到她說不會再犯的承諾。但是既然被害人都願意原諒婦人，不再追究，也不希望婦人再受有刑罰的處罰，當下我心裡就想著要依職權給予婦人不起訴處分。

「那你可以答應我，要記得再回去看醫生嗎？」

「啊我也不知道要怎麼樣去看醫生。」

「還是這個案子結束之後，我問問社會局能不能協助你？」

「好啦，檢察官，謝謝啦。」

「好，那你們兩個人都可以回去了，之後要記得收檢察署寄給你們的公文。」

婦人跟被害人向我點頭示意後，婦人又主動推著被害人的輪椅一起離開偵查庭，在她倆走出偵查庭的路上，我還聽到婦人小聲地再跟被害人說：「拍謝啦。」

她需要的是社會安全網的承接，不是冰冷的監牢

等婦人跟被害人都離開之後，我滿是歉意地跟法警及書記官說：「謝謝，不好意思耽誤你們的午餐時間。」因為看看時間，已經快要下午一點了。因為我自己的任性，想要多了解婦人的犯案及家庭生活情形，讓法警跟書記官餓肚子。

雖然在目前司法人力短缺的情形下，法警跟書記官往往超時工作，但他們總是認真負責地完成手上所有工作。儘管如此，我還是覺得過意不去，當然這時候他們都會笑著跟我說：「檢察官，沒關係啦！」

每當這個時候，除了謝謝他們的體諒，我都會想，不知道我們的主政者（不論哪一政黨），什麼時候願意好好正視司法機關內的人員過勞的事實？

當司法人員過勞時，受傷害的不只是司法人員的身體健康，更重要的是那些等著要使用司法資源、維護自身權益的人民。

離開偵查庭回到辦公室，同辦公室的吳檢察官正吃著便當，對著我不懷好意地說：「開庭到這麼晚，沒有被法警白眼？快去吃飯吧！」

我尷尬地笑說：「是滿不好意思的。」

去吃飯前，我用電腦搜尋到婦人前兩個案子的聲請簡易判決處刑書，快速看了一下，的確是像婦人所說，她的兩次竊盜行為，一次在超商拿麵包，一次在菜市場拿水果。

最後在做決定的時候，我決定用檢察官的職權，對婦人做不起訴的處分。在不起訴處分書上，我寫著：「被告謀生能力比較不好，案發當時是因為肚子餓才去做竊盜的行為，所以被告需要的幫助是適當的社會救助，而不是冰冷的刑罰。如果被告平常的生活可以得到最基本的滿足，那麼相信被告應該就沒有再犯竊盜罪的可能性。」

案子結束之後，我很任性地又請書記官幫我發函給社會局，跟社會局說明婦人的情形，請社會局看看能不能提供適當的幫助。我想，我能做到的大概只有這樣吧！

不知道現在婦人的生活狀況怎麼樣，我希望我的決定能真的幫助到她。因為她真正需要的不是冷冰冰的監牢，而是可以讓她好好生活的社會安全網。

* 歹勢（pháinn-sè）。不好意思、抱歉。

** 痟痟（siáu-siáu）。瘋瘋癲癲。

法律小知識

- 被告在接受檢察官調查的時候，有請律師幫他辯護的權利。如果被告因爲精神障礙或其他心智缺陷而沒有辦法把話講得很清楚，但是又沒有自己找律師的時候，檢察官應該要主動通知法律扶助機構，找律師來幫被告辯護，維護被告權利。
- 有時候被告雖然犯罪了，但是是比較輕微的罪（通常是三年以下有期徒刑的罪），檢察官可以考慮被告的情形，例如已經賠償被害人、被害人表示要原諒，或是被告沒有前科等等情況，不向法院提起公訴，而是可以給被告「職權不起訴」，就是一般說的「微罪不舉」。
- 除了起訴跟不起訴之外，檢察官也可以依照被告的狀況，給犯罪的被告「緩起訴」處分，就是先不起訴被告，給被告一段觀察期間（一年到三年），如果這段期間內被告都沒有犯其他的罪，那就不會向法院提起公訴。

公訴檢察官的任務

旁聽席上獨自哭泣的媽媽

夏日的午後，辦公室裡的冷氣嗡嗡作響，南台灣的夏天總是讓人熱得只想要躲在室內吹冷氣，無奈公家機關要響應政府節能減碳，冷氣溫度不能太低，所以就算開了冷氣，心中還是想大喊：「上班為什麼不能穿短褲就好！」下午要蒞庭，看著被告涉嫌殺人的一疊厚厚卷宗，更讓人心情煩躁！

什麼是「偵查檢察官」和「公訴檢察官」？

「蒞庭」是公訴檢察官最重要的工作。前面有說到，通常在地檢署裡會有「偵查檢察官」及「公訴檢察官」，前者負責調查及蒐集證據，如果認為應該要起訴被告，就會向法院提起公訴；起訴之後的工作就交給後者，負責去法院向法官提出證據，解釋各項證據可以證明什麼事情，說服法官讓法官判決被告有罪（詳見〈檢察官？檢查官？〉，頁二十四）。

在民國九十二年以前，是沒有分偵查檢察官跟公訴檢察官的，雖然起訴之後檢察官還是要去法院蒞庭，但都是「形式」上去做一個「人形立牌」而已。因為之前我國的刑事訴訟制度是檢察官起訴之後，由法官自己根據檢察官寫在起訴書上的犯罪事實，去調查證據，等到法官調查證據差不多，準備要結案判決了，才會通知檢察官去蒞庭。而去蒞庭的檢察官，因為從頭到尾沒有參與過那件案件，所以也沒有辦法實質上說出個什麼東西，只能簡單講幾個字，也就是因為這樣，那時檢察官都被笑說是「八字箴言檢察官」。

為什麼是八字呢？因為法官通知檢察官去蒞庭時都會問：「請檢察官陳述犯罪事實。」檢察官因為沒有參與過法院的調查程序，只好說：「如起訴書。」程序進行到最後，法官還會問檢察官有什麼意見，同樣地，檢察官因為沒有參與程序，哪能有什麼意見？！所以只好說：「依法判決。」

就是這八個字！

在那個時候，檢察官在法院的審判程序根本發揮不了什麼作用，因為起訴後調查證據的程序都是法官自己在做，查完後由法官判決。因此，這樣的制度在當時常被批評是法官跟檢察官「聯手圍毆」被告，被告根本得不到公平的審判。

從「八字箴言」到「全程蒞庭」

為了要讓檢察官好好負起證明被告有罪的舉證責任，同時要求檢察官要確實到法院執行調查證據的任務，好讓法官可以處在一個更客觀中立的立場，做成對被告公平的判決，不斷有人高喊要改採像美國一樣的「當事人進行」制度：由檢察官跟被告（加上律師）自己提出證據調查，來試圖說服法官到底要判有罪還是無罪，好像只要改用美國那一套制度，司法就可以完全公正了。

這就好像最近幾年，都有人不斷推銷要全面採行美國的「陪審制」，講得一副彷彿只要推行了陪審制，司法公信力就爆表，「恐龍法官」都消失了……但是卻絕少提及陪審制的缺點，或是討論全面將陪審制移植到我國，會不會有什麼水土不服的地方？其實這是相當不負責任的做法。

不過呢，最後修正刑事訴訟法還是參考了美國的法律制度，我們自己把它叫做是「改良式當事人進行主義」制度。其實到底是改良還是改得更不良？一直以來都仍有許多不同意見，不過既然立法院都修法通過，檢察官們也只好因應新制度做改變。

所以在民國九十二年以後，檢察官就不能只是等法官調查證據完畢之後，去法庭上當「人形立牌」講「八字箴言」了，而是要「全程蒞庭」，實質負起舉證責任，法官只是以仲裁者的角色來居中裁判。也因此，除非情形特殊，全國各個地檢署都會將檢察官分為「偵查組」及「公訴組」，以分別執行業務。

簡單來說，公訴檢察官就是延續偵查檢察官的偵查結果，去法庭上提出證據、跟被告（加上律師）辯論，以及說服法官做成有罪的判決。

公訴檢察官在法庭上非常重要。我記得有一次，有一位只會講台語的「阿北」＊，人美心好的法官很貼心地先問我可不可以跟阿北講台語？所以我先用台語跟阿北解釋他被起訴的理由，後來換法官試圖用著不怎麼「輪轉」＊＊的台語要跟阿北解釋，結果阿北聽了一下後，就指著我：「她（指法官）講的我聽不懂，你講給我聽。」只見到法官愣了一下，然後悠悠地說：「檢察官，那就麻煩你幫我解釋給他聽吧。」可見，除了說服法官，有時候，檢察官也需要擔任翻譯的角色呢！

KTV酒後駕車的意外殺人？

下午要蒞庭的案件是一件殺人案件。

偵查檢察官起訴的事實大意是這樣：被告跟死者是各自跟一群朋友去KTV唱歌，在唱歌的時候，雙方有互相到彼此的包廂裡敬酒，被告因為覺得自己的朋友被灌酒，所以有點不高興，之後雙方有發生一點爭執，不歡而散。雙方的朋友要離開KTV的時候，又在樓梯間相遇，一言不合就打了起來，雙方一直打到KTV前的空地，因為被告從包廂離開之後，先去停車場開車，被告開車到空地的時候，看到朋友被打，就下車去幫忙。後來對方人馬用球棒砸被告的車子，被告也從車上拿球棒繼續跟對方互毆。其中有幾個比較冷靜的朋友在中間勸架，有些人就停手陸續離開。

雖然吵架衝突已經被排解，但被告因為被毆打，身體有受傷，心裡還是憤恨不平，所以就衝上車，並且說：「我要開車撞死他們。」開車離開KTV後，剛好看到死者的朋友騎摩托車載著死者，被告就開車沿路追逐死者搭乘的摩托車，在一陣追逐過後，被告加速從後方追撞死者的摩托車，摩托車被撞，高速撞擊到路邊的電線桿跟停放在旁的小客車，死者受傷倒地，一動也不動。警察接獲民眾報案後前往現場處理，救護車將死者送去醫院急救，但最後還是因為中樞神經休克，不治死亡。

被告在開車衝撞死者搭乘的摩托車之後，就先把車子丟在路邊逃離現場，警察到場，才又回到事故現場。

被告在檢察官偵查的時候，就一直說他不是故意要撞死者坐的摩托車，他是因為那一天有喝酒，開車之前又跟對方發生衝突打架，當時他已經全身是傷，車子也被砸，如果繼續留在現場一定會被打死，所以趕快開車要逃命。但是他開車離開之後，發現對方還是不放過他，拿棍棒騎車在追他，要把他攔下來，他就一路一直閃躲。最後到事故發生地點的時候，因為死者朋友騎的摩托車對他逼車，他來不及閃避，所以才會不小心撞上去。

默默流淚的死者媽媽

下午法院的準備程序，不知道從偵查中就被羈押在看守所、一直到起訴後還繼續羈押中的被告，有沒有什麼新的辯解？或是想要認罪？我心中的策略是，除了本來就計劃好要向法院聲請調查的證據之外，其他的等聽完被告在準備程序中的答辯，再來提出相關證據。

法院審理一件案件的程序，通常可以分成「準備程序」跟「審理程序」。前者其實就是為了後者的順暢進行，而預先做一些關於案件事實爭執點的整理，以及讓檢察官跟被告（加上律師）預先安排提出證據或調查證據的順序。到「審理程序」時，原則上就會按照「準備程序」已經排定的順序，進行案件審理。

在這起案件的準備程序過程中，被告的答辯還是一樣，說他不是故意要撞死死者，是因為要躲避對方的追擊，所以才會不小心撞到死者搭乘的摩托車。另外，被告還說到，他因為被對方追，所以其實是想要開車先去警察局尋求保護，報案之後就要回家。

死者的媽媽也有收到法院的傳票，沒有律師陪同，在法庭裡一個人獨自坐在幾乎要跟我比鄰而坐的告訴人席位上，從頭到尾都低著頭，法官問她有什麼意見時，也只是小聲地回答：「沒有。」我看著她，在聽到被告說是不小心撞到死者的摩托車時，她默默地流下眼淚，但還是一句話都沒說。我翻閱著死者媽媽的筆錄，看到她其實跟我同年紀，但兒子（也就是死者）已經二十歲了，資料上顯示已經離婚。我想，跟她相依為命的兒子就這樣離開人世，心裡一定有很多不捨跟不甘心吧。

準備程序結束之後，我叫住死者媽媽，跟她說我是公訴檢察官，在這件案子審理的期間，如果有任何法律上的問題，我都可以提供她法律意見，她點點頭。我想了解一下死者跟她的家庭狀況，所以坐在法院走廊上的長椅聊了一會兒。

她說，她跟死者爸爸在死者小時候就離婚了，一個人把小孩帶大。死者高職畢業以後，白天在螺絲工廠上班，晚上偶爾去送送外賣，生活還過得去。兒子大了，可以自己照顧自己，本來以為終於可以不用那麼累了，還因為這樣而感到開心。沒想到，兒子下班之後跟朋友去唱歌，最後等到的，竟是他的死訊。

死者媽媽說，她完全不相信兒子是因為不小心被撞到而死掉，她心裡有一堆疑問，但是，她真的不知道可以問誰或找誰說。我只能安慰她，如果被告真的有做了犯罪的事情，檢察官一定會幫受害人的家屬找出證據，來證明被告犯罪，受到應有的處罰。

騎摩托車辦案的檢察官

在準備程序中，我聲請傳喚了幾名跟死者一起去唱KTV的朋友作證，試圖再更詳細地恢復當時事情發生的情形；當然，辯護人也傳喚了幾名跟被告一起去唱歌的朋友作證。除了這些以外，我一直在思考，要怎樣可以說服法官，被告是「故意」衝撞死者搭乘的機車，而不是「不小心」的。

偵查檢察官在偵查中，其實已經把相關的證據調查得非常清楚，除了訊問證人以外，也調閱了KTV現場的監視錄影畫面，可以知道，雙方人馬確實在KTV有發生衝突。但是，被告一直抗辯說他開車的路線不是在追逐死者，而是想要尋求保護。既然這樣，我想，或許可以從被告所說的「路線」下手，去看看被告講的，到底是不是比較接近真實狀況？

距離審判程序還有一段時間，所以我就約了這件案子一開始偵辦的偵查佐，回到現場去看看當地的道路狀況。因為我比較喜歡騎摩托車，所以我跟偵查佐提議，我騎摩托車沿著那位搭載死者的朋友所講的、離開KTV的路線騎車，偵查佐則是開車沿被告講的路線開車，看看這樣兩台車最後會不會相遇，或是會在哪裡相遇？

為了避免我們沿路有什麼東西沒看到，或是白天夜晚的景象有不一樣，我跟偵查佐兩個人除了白天去看過，還約了晚上再去看一次。我想，偵查佐應該沒有遇過這麼瘋狂的檢察官吧。我猜想，當時偵查佐應該心裡有偷偷唸了幾句，但我還是很感謝他願意陪我一起到現場勘查。

在白天跟晚上分別看過KTV附近的道路狀況後，我請偵查佐利用電腦繪圖軟體，把我們看到的情形畫成平面圖，並且標示被告自己說的「逃亡」路線，跟騎乘機車搭載死者的友人所講的被被告「追逐」路線。結果我發現，如果被告跟死者那位騎乘機車的朋友，真的都依照自己講的行車路線去走，最後兩車其實不會在事發現場發生碰撞。甚至我還發現，被告就算依照他自己講的路線，最後也不會開車到附近最近的派出所去報案、尋求保護。

因為要調查的證據跟要詰問的證人人數比較多，所以審判程序總共進行了三次，也就是花了三天的時間，把證人一一交互詰問，並且調查相關的證據。在最後詢問被告時，我問被告是不是在當地生活很久，知不知道從KTV到最近的派出所開車要怎麼走？被告說知道，我便請他說明應該怎麼走。被告說完之後，我問：「那就跟你之前講的『逃亡報警』路線不太一樣，你真的是要開車去報警嗎？」

被告陷入了沉默。

遲來的道歉

在「論告程序」時，我向三位法官說明已現存的證據，怎麼樣可以證明被告有「故意」衝撞死者的殺人行為。另外，我也準備了投影片製作動畫，搭配Google地圖，向法官說明被告的開車路線，根本不是像他自己講的是要「逃亡報警」的路線；如果是像被告講的那樣，兩台車根本碰不到一起。在辯護人說完辯護意見之後，審判長問死者媽媽對於量刑有沒有意見？死者媽媽始終低下的頭終於抬了起來，茫然的眼神先看看我，再看著審判長，緩緩地說：「我不相信我兒子是不小心被撞死的，判刑我不懂，交給法官決定就好。」

死者媽媽講完之後，審判長問我對於量刑的意見。我除了把在本案中所有量刑應該考慮的情形跟法官一一說明之外，最後我說：

「請三位法官看看坐在這裡的死者媽媽，她每次開庭都來，沒有律師的協助，每次都只是靜靜地聽而已。她是單親媽媽，一個人養大兒子，好不容易兒子長大了，可以輕鬆一點過日子了，但是她等不到兒子回家，她的兒子回不了家了！她其實沒有什麼要求，只是希望透過法院的判決知道一個真相，因為她不相信兒子是不小心被撞死。兒子走了，她沒有要求什麼賠償，因為再多的錢也換不回兒子活蹦亂跳出現在她面前，跟她說：『媽我回來了。』她只要一個真摯的道歉。

「但是三位法官應該可以注意到，我們開了這麼多次庭，被告就是坐在那裡，只是面無表情地不斷重複說他不是故意的，從、來、沒、有，向死者的媽媽說一聲道歉，他根本不知道他犯了嚴重的錯，甚至他可能根本不覺得他犯了錯。雖然他罪不至死，但是我認為無期徒刑才能讓他好好思考，他到底做了什麼樣的錯事。」

死者媽媽聽完我的話，一樣不說話，只是默默流下兩行淚。這時候，被告突然緩緩地站起來，面向死者媽媽說：「阿姨，對不起，我做錯事了，我不是故意要撞他的，希望你可以原諒我。」死者媽媽身體抖動地更厲害，眼淚不停流下來，卻還是一樣不說話。

開庭結束之後，我還在位置上整理卷宗跟隨身碟，死者媽媽走過來說：「檢察官，謝謝你。我不是不說話，是事情發生得太突然，很多事情我不知道怎麼說，也找不到人說。一直到今天，好像才有人幫我把想講的話講出來，雖然我想到兒子還是很難過，但是今天過後可能會好一點。真的謝謝你。」

「不要這樣說，這本來就是我當一個檢察官應該要做的事，我沒有辦法幫你帶回兒子，我只能讓做錯事的人受到應該有的處罰。」說完之後，我跟死者媽媽一起走出法庭，最後目送她離開法院。

離去之前，死者媽媽又轉頭向我點頭道謝。

真誠的道謝就是最好的回報

有人覺得我理想性太高，因為我認為做檢察官這個工作，不需要升官加爵的加持，不需要額外的辦案獎金。檢察官是在每一件爭議的個案中，好好地幫助每個在案件中的當事人得到最適當的解決方式，每當案件的當事人（不管被告還是告訴人）真誠地跟我說聲謝謝，對我來說就是最好的回報。那也是身為檢察官最大的成就感的來源。

雖然檢察官的工作真的很繁重，而且資源也相對不足，但是，只要能讓當事人相信，在法律的框架下，檢察官是懲奸除惡、濟弱扶傾的代表，那麼辛苦也值得了。

＊阿伯（a-peh）。泛指年紀較大的男子。

＊＊輾轉（liàn-tńg）。形容說話流利。

法律小知識

- 一般來說，地檢署有關於檢察官任務分配，通常都會分成「偵查檢察官」跟「公訴檢察官」。偵查檢察官就是負責調查證據，若認爲證據充足就會向法院提起公訴；公訴檢察官就是延續偵查檢察官的偵查結果，到法院向法官提出證據，說服法官做成有罪判決。
- 公訴檢察官在法院的審判過程中主要的工作包括：向法院聲請調查證據（詰問證人或調取文書資料）、向法官說明現存的證據怎麼樣可以證明被告犯罪（論告程序），最後是對於被告刑期要多久提出意見（量刑意見）。
- 「國民法官法」開始實行之後，因爲除了原本的三位「職業法官」以外，還多加了六位一般民眾的「國民法官」，所以公訴檢察官的工作更加重要。在適用國民法官法的案件中，法官不會再依照自己的職權調查證據，而是完全由公訴檢察官提出證據，來向職業法官及國民法官證明被告犯罪。國民法官制度於二〇二三年開始實施，讓一般民眾與職業法官一起擔任法官，參與重大刑事案件的審判，共同討論並裁決案件。詳細說明可參考：

死刑案件
與相驗

死刑，行不行？

辦公室裡只剩下翻動卷宗跟敲鍵盤聲，盯著電腦螢幕，不經意看了一下手錶，晚上十一點，想到明天還要值班外勤，把正在寫的起訴書先告一段落，趕快收一收包包，回家休息一下，我可不想明天睡眼惺忪地在外面奔波。

一月的夜晚，騎摩托車回家，不知道為什麼感覺迎面而來的風特別濕冷。

前面提過，檢察官的工作，除了平常在地檢署的偵查庭內訊問被告及相關證人外，還需要在地檢署內待命值班。一般來說，值班分成「內勤」跟「外勤」兩種。內勤最大宗的是，訊問各司法警察機關隨案解送遭逮捕或拘提之犯罪嫌疑人；外勤，最主要的工作是跟法醫一同前往為非自然原因而死亡的屍體驗屍，也就是所謂的「相驗」。

就我自己來說，其實並不是那麼喜歡輪值外勤的班，每次見到屍體，總是有股哀傷的感覺，感嘆這世上又失去了一個生命，尤其是遇到家庭人倫悲劇的時候。所以在睡覺前，我內心暗暗祈禱，希望明天外勤值班一切太平。

雖然《論語．述而》裡有提到：「子不語怪，力，亂，神。」但是，相驗這種事，有時候我們實在不能太鐵齒。愈不想發生的事，偏偏愈容易來到。

凌晨三點在眷村的兇殺案

懷抱著希望明天一切平安的心情去睡覺，果不其然，有些事還是不要亂想比較好。凌晨兩點多接近三點，手機鈴聲響了，看了一下來電顯示，手機螢幕果然秀出了大大的「法警室」三個字，心裡先嘀咕了一句之後，接起電話。

「檢座，兇殺案一件，在眷村區，現場已經封鎖，目前鑑識小組也已經在現場蒐證，請問檢座什麼時候出發？」法警在半夜還是相當有精神地說。

我揉著眼睛，帶點睡意地回他：「那就三點半好了。」趕緊起床換衣服，騎車到辦公室，跟法醫和書記官會合，前往兇殺案地點。

冬天夜裡的眷村顯得特別安靜，可能因為正值深夜，也可能因為村裡的年輕人都在外地打拚，只剩下年長的父母親在家獨居，配合著一月深夜的寒冷天氣，感覺更加蕭瑟。在走進事發地點之前，心裡想著「該不會是獨居的老人遇害吧！」進入封鎖線內後，先跟鑑識組長打了聲招呼，大致了解一下現場情形及目前採證結果，之後跟著法醫一起去檢視屍體。

映入眼簾的，跟預期中一樣，遇害的是個老婦人，她躺在廚房地板上，頸上纏繞著繩子，上身衣著完整，褲子則被褪到小腿肚的地方。望著眼前的景象，心中的第一個OS是：「X的，連老太太都要硬來啊！！」

再仔細看了一下現場，第一個感覺是不太像一般的性侵害案件，因為從現場狀況看起來，老婦人似乎沒有什麼掙扎的跡象。在等待法醫檢視死者的同時，心裡的經驗評估，這件一定要「複驗」才能確定死因了。所以等法醫查看完死者有無其他外傷，再採集陰道棉棒之後，就可以跟死者家屬製作筆錄，同時與家屬溝通「複驗」的事。

「複驗」就是解剖啦，依照一般台灣人的習俗，認為要保留死者「全屍」，都不太願意進行解剖。但是解剖跟一般生病開刀一樣，就是開刀檢查身體內部是不是有受傷，並切片做一些化驗，才能確定真正死因，之後還是會把傷口縫合，所以並不會有「沒有全屍」的問題。但是一般民眾還是會有這種想法，因此，確定要解剖之前，跟家屬的溝通就顯得十分重要。

死者的女兒是在晚上接近午夜回家時，發現死者倒臥在地上，馬上報警處理。她的態度很冷靜，我在詢問她、同時製作筆錄的時候，不像一般常見的被害人家屬那樣，常常會哭得連話都說不清楚。所以我在與她溝通解剖的事情時，她也沒有多說什麼，或是表達反對的意思，就是表明要確定死因，要找出兇手。

在派出所製作完筆錄後，又回到案發現場，跟鑑識組確定應該採集的證據都採集完畢，再請警察調閱社區附近所有的監視錄影畫面，過濾是不是有行跡可疑的人後，天都已經快亮了。

回家稍微梳洗整理，早上再到辦公室跟警察繼續討論怎麼查獲行兇的人。

剛進辦公室不久，電話就響了。

「檢座，經過被害人家屬清點，死者外孫的撲滿跟另外一間房間抽屜內的四百元不見了。我們發現嫌犯是從防火巷那邊的窗戶爬進去。另外，監視錄影畫面已經調到了，我們會盡快過濾。」警局刑事偵查隊小隊長在電話的那一頭跟我說著最新進展。

「那……應該是一般的竊賊喔，所以應該是故意假裝成性侵害案件，想要誤導我們囉！先查查附近有沒有慣竊，或訪查一下鄰居，最近有沒有比較可疑的人在附近出沒。」

我向小隊長交代著，但其實腦中沒有什麼頭緒。

掛上電話後，整理桌上其他卷宗，準備明天要開庭偵訊的資料，正在閱卷的時候，突然隔壁辦公室的吳檢察官進到辦公室來，看見我就問：「聽法警說你半夜三點多出去相驗？」臉上似乎露出同情我的表情。

「對啊，弄到快天亮，回家整理一下就來上班了。」我喝了一口咖啡想提提神。

「怎麼樣，有什麼發現？」

「就一個在眷村的老婦人倒在家裡地板上，脖子繞著繩子，但是嫌犯應該是想要誤導辦案，所以把褲子脫了。」

「ㄏㄚˊ……」吳檢察官好像突然想起了什麼。「如果我沒記錯的話，一年多前，我同辦公室的學長好像在眷村區也有處理過相似的案件，老婦人在家裡被殺害，到現在都沒找到兇手，沒有破案。」

「真的假的，到現在還沒抓到?!」我突然激動了起來。

「你可以查查看，我先回辦公室結案了。」

吳檢察官離開之後，我心想，不知道是不是確實有那件案子，也不知道跟現在在處理的這件案件有沒有關聯性？仍趕忙請書記官到檔案室查詢，如果有的話就把之前的卷宗調出來看看。

我那資深又機伶的書記官，竟然一下子就把卷宗找到了。

一年多前在同一眷村裡，一位老婦人在她女兒回家時，被發現躺在一大灘血泊裡，頭部有多處鈍器傷，褲子一樣被褪到小腿肚的地方，家裡也發現有現金跟金飾遺失。看完調閱出來卷宗後，我隱隱覺得這兩件案件應該是同一個人做的，同一個小偷，而且是個行竊技巧不怎麼高明的賊。兩次進入住宅行竊都被發現，然後下手殺害被害人，一樣想將犯罪現場偽裝成性侵害案件，企圖誤導檢警偵辦方向。

現在偵辦刑事犯罪案件都講求科學證據，套句某人常講的話，就是「科學、理性、務實」，加上我也從沒遇過什麼靈異事件，所以也不太相信有什麼鬼神之說。但有一件事不得不提。

莫名其妙的門鈴聲

就在相驗過後一個禮拜，當天凌晨大約兩點多三點，也就是跟我接到報驗電話差不多的時間，我在睡夢中突然聽見門鈴的聲音，一開始我以為我在做夢，但門鈴持續地響，我躺在床上，想確認我是不是聽錯了。

然後，門鈴又響了。

我一邊勉強從床上爬起來，一邊想，該不會是鄰居半夜有急事找我吧？透過門上的貓眼往外看，沒看到人，把門打開後仔細一瞧，什麼都沒有。真的是我聽錯了嗎？但是門鈴聲非常清楚啊！

趴回床上繼續睡覺，早上一到辦公室，電話馬上又響了。

小隊長帶著因為案情有重大突破的振奮語氣說：「檢座，我們在死者的指甲上殘屑取到DNA，應該是嫌疑人的DNA，經過檢驗，並和刑事警察局存檔的資料庫比對後，發現和七、八個月前有一件流鶯被殺害，現場採得精子細胞的DNA檢體相同，目前已經鎖定嫌疑犯的身分。」

在我聽到莫名其妙的門鈴聲不久後，就得到鎖定嫌疑犯身分的消息。這，是一種什麼徵兆？算不算是靈異事件？我其實也不太知道。

聽完小隊長的案情報告後，我在想，如果這幾件都是同一嫌疑人所犯下的案子，那麼，會不會他有牽涉到其他更多的案子，只是還沒破案？因為這個念頭，書記官又多了一些工作，我請書記官到檔案室把過去可能疑似他殺，但還沒有找到犯罪嫌疑人的案子全部調出來，一一檢視有沒有跟這件案子相關聯的地方。果不其然，在幾件疑似他殺的案件堆中，我找到其中一件，被害人也是位性工作者，而她被發現陳屍在租屋處，因為房東發現她很多天多沒有出門，就打開房門查看，才發現她已經死亡，屍體開始腐爛。正巧，她的租屋處，就在小隊長一大早跟我說的那位被殺害的流鶯租屋處的對面。

在心裡有些震驚的同時，把眼前這些客觀跡證連結起來，我的心中高度懷疑，這四件案子全部都是同一個人做的。如果不趕快把他逮捕到案，對於其他民眾的財產或生命安全，實在是一大威脅。但是，他目前人在哪裡？警方也還沒掌握。

經過警方幾天的查訪之後，終於發現嫌疑人沒有自己固定的住所，都借住在友人家，靠近山區比較偏僻的鐵皮屋內。警方派出警力勘查現場，並埋伏一天一夜後，在發現嫌疑人外出時，順利將他逮捕。

禮拜天早上六點多，沒來由地醒了，但我還賴在床上不想起來，本來以為是個悠閒的假日，偏偏手機這時候響了。

「檢座，昨天下午，我們在嫌疑人出門時將他逮捕，做完筆錄後，什麼時候可以解送到地檢署？」聽得出來小隊長疲累的聲音。

「我今天都會在辦公室，你把人送來之前再聯絡。」我強打著精神回應。

掛上電話後，我整個精神都來了。同時跟書記官聯絡，要書記官先準備要開庭的事情，「不好意思，假日要請你到地檢署加班了。」

警方把人犯帶來地檢署後，經過了大約三小時的訊問，先把一些重要的犯罪事實初步釐清。訊問結束後，我認為被告涉嫌殺害四個人的嫌疑重大，而且沒有固定的工作，加上居無定所，恐怕會有逃亡的疑慮，所以向法院聲請「羈押」被告；而法院也認同了我的說法，於是裁定羈押。

四起殺人與行竊案

他來自澎湖的一個漁村，十多歲時一個人到台灣來工作，因為工作不穩定，賺不到什麼錢，生活發生困難，所以曾經犯下竊盜跟懲治盜匪條例的案件。入監服刑一段時間以後，假釋出獄付保護管束，當時還在假釋期間內，而且還有其他涉嫌的刑事案件遭通緝中。

或許因為有前科紀錄，所以不容易找到穩定的工作，在沒有固定的經濟來源的情況下，一年多前，因為想說眷村區裡住的大部分是老人家，比較不容易遭到反抗，遂動了歹念。

某天晚上，他帶著鐵鎚跟膠帶，進到一戶只有老婦人居住的眷村屋子內，從廚房進去後，發現老婦人在客廳看電視，於是躲在廚房的冰箱旁，打算等老婦人看完電視進去房間睡覺，再出來偷東西。誰知道老婦人睡覺前到廚房，發現他躲在冰箱旁邊，馬上大聲叫喊，他怕呼叫聲引起鄰居的注意，便抓住老婦人後想用膠帶封住嘴巴，但因為膠帶脫落沒有成功封住，立刻又用手掐住老婦人的脖子，想阻止她呼救，但是老婦人依然大聲求救。這個時候，他就拿起自己攜帶的鐵鎚敲擊老婦人的後腦部，老婦人先倒在地上，馬上又起身想跑到房間求救，他追上去，將老婦人壓制在地上，臉部朝上，再用棉被蓋住老婦人的頭部，以鐵鎚用力敲打頭部四、五下，鮮血遍地，老婦人終於不再掙扎。

他確認老婦人已經死亡後，便把老婦人的褲子脫到小腿的地方，營造老婦人被性侵害的假象。隨後搜尋房間內有無金錢或其他有價值的物品，拿走了老婦人房間內的四千元及金戒指。

大約四個月過後，他為了解決自己生理上的需求，跟一名流鶯到她的租屋處做性交易，性行為結束後，流鶯要求五百元的報酬，但他說身上錢不夠，想要賒欠兩百元，下次再一起給。流鶯心裡不高興，不想讓他欠，說要報警處理，他怕警察來的時候會發現他是通緝犯，竟然一時心慌，用手掐住流鶯的脖子，再用電風扇的電線纏繞脖子，導致流鶯窒息死亡。離開前他又拿走流鶯放在抽屜裡的九千元，隨後花用。

幾天後，他突然想起，住在被他殺害的流鶯對門的另一名女性也是流鶯，有看見幾天前他去那裡做性交易，他擔心另一位流鶯會發現屍體，進一步向警方提供線索，所以決定要殺她滅口。所以他前往另一位流鶯的住處，假裝要跟她性交易，她沒有懷疑就答應了，她照著他的要求脫去全身的衣服後，趴在床上，這時候，他用雙手勒住她的脖子，再用電風扇的電線纏繞，她同樣因為窒息而死亡。而他一樣拿走了房間裡財物，當作自己日常生活的開銷使用。

大約一個禮拜前，他想必是身上又沒有錢了，所以再次跑到眷村區，爬窗戶進入一位婦人家中，跟上次一樣躲在廚房裡，想要趁機進入房間偷東西。沒想到婦人又走到廚房發現他躲在角落，一樣的場景又再次發生。婦人大聲喊叫有小偷，他為了防止婦人呼救，所以上前想用手臂勾勒她的脖子，婦人閃躲後不小心跌倒，他立刻把婦人壓制在地，同時用雙手掐勒脖子，再隨手用在廚房裡拿到的繩索纏繞婦人的脖子，導致她窒息死亡。他一樣為了誤導警方辦案，把婦人的褲子脫到小腿的地方，製造性侵害的假象。離開前，他拿走了房子裡的現金四百元，跟一個裡面裝了大概三千元硬幣的撲滿。

他前三次的殺人行為，一時之間都沒有被查獲。一直到第四次，就跟台語俗語說的「賊星該敗」一樣，夜路走多了總是會碰到鬼。鑑識小組在婦人指甲上的殘屑取得DNA

後，跟刑事警察局DNA存檔資料庫比對，發現跟他的DNA型別相符；另外，在首位被殺害的流鶯住處垃圾桶內，衛生紙上採集到精子細胞的細胞層內DNA也跟他的相符，好像終究是應驗了「法網恢恢，疏而不漏」這句話。

問完該問的相關證人筆錄，把其他的證據蒐集整理後，我在起訴書上，盡量詳細描寫了他所做的全部犯罪行為。最後我寫下：「請審酌被告多次僅因細故即萌生殺意，極度漠視他人生命『法益』（法律上所保護的重要利益），嚴重破壞一般人民對於社會秩序安寧之期待，實有與社會永久隔離之必要，從重判處殛刑，以儆效尤。」看起來好像很複雜拗口，簡單地說，就是要求法院判處死刑。

死刑是艱難的決定

起訴後，法院的審理程序經過約一年，做出了被告四個死刑的判決。我收到判決後，認為法院判決沒有什麼問題，所以就不再上訴。但因為被告被判處死刑，所以理所當然會上訴請求法院輕判。二審法院經過了約半年的審理，一樣是做出了死刑的判決。被告不服，再上訴到第三審，最高法院駁回了一部分上訴，也撤銷了部分的原判決，要求高等法院針對部分法律適用的問題加以釐清。更一審的合議庭將最高法院提出的法律問題釐清後，仍然是做出被告四個死刑的判決。

這一次，被告不再上訴，但依據刑事訴訟法的規定，宣告死刑的案件，原審法院應該依職權送上級法院審判，用意在於保障被告的權益。所以高等法院依職權將這個案件送往最高法院上訴，最高法院最後做出上訴駁回的判決。經過將近三年的審理時間，這個案子終於判決確定。

大家都知道，法務部已經有一段時間沒有執行死刑了，是因為社會上有廢除死刑的意見，而且國際社會也有要求我國要廢除死刑的聲音。但是廢除死刑的議題可能對我國人民的法律感情衝擊太大，所以政府也沒有輕易地把死刑廢除，但或許為了回應國際社會的要求，法務部也訂定了審核死刑案件執行實施要點跟執行死刑規則，嚴格審查死刑案件的執行，在所有救濟程序都完結之後，才會依法執行死刑。目前死刑判決定讞，但還沒有執行的人大約有三十幾人。

很多主張廢除死刑的人說，我們台灣在二〇〇九年已經批准「公民與政治權利國際公約」及「經濟社會文化權利國際公約」（就是俗稱的「兩公約」），同時也通過了兩公約施行法，所以應該要跟國際接軌，停止執行，甚至廢除死刑。其實，兩公約也沒有要求締約國內一定要沒有死刑，維持死刑的國家也不會因此違反兩公約，公約的內容只是希望締約國在可以預見的未來，在事實上跟法律上完全廢除死刑。

如果我們看一下「兩公約」其中之一的「公民與政治權利國際公約」的規定，是說「凡未廢除死刑之國家，非犯情節最重大之罪，……不得科處死刑」。也就是說，如果一個人在還有死刑的國家犯了情節最重大的罪（例如：故意殺人），依照法律還是可以判處死刑，被判處死刑並且用盡所有司法救濟途徑之後，還是可以執行死刑。所以重點其實是在於一個人犯罪後有沒有接受公平、公正跟公開的審判程序了。

死刑案件爭議很大，以前也曾經出現過幾件相當著名的爭議案件（例如「江國慶案」、「蘇建和案」、「邱和順案」等等），所以社會上不斷有主張廢除死刑的聲音。但同時，在過去的民調中也顯示有高達八成的民眾是傾向維持死刑。

很多人問我對於死刑的意見，這是一個很難回答的問題，因為畢竟我國是個法治國家，而且刑法裡還是有死刑的規定，在大法官還沒有宣告死刑違憲之前＊，如果法院有判決死刑確定，應該還是要依法執行，這樣是遵守現行的法律制度。但是我也認為，殺人是一個殘忍的行為，用國家公權力殺人同樣是殘忍的。可是，廢除死刑也沒辦法一時之間說廢就立刻廢，很多國家都是經過好幾年的討論之後才廢除。如果沒有凝聚社會共識，先對人民做好法治教育，再搭配相關的監獄配套措施的話，貿然地廢除死刑，我想，對大多數人民的法律感情以及整個社會的治安，應該是壞處多過於好處。我只能說，就目前台灣的法制狀況及社會氛圍而言，實在不太適合一下子就廢除死刑。但未來呢？我認為，在相關配套措施能夠銜接得上的時候，廢除死刑確實是可以列入選項。

死刑與正義？

在這案子判決確定將近四年後，法務部將被告執行槍決了。被告死後捐出了心臟及腎臟等器官，幫助需要的病患重獲新生，也算是另類的補償社會吧（但因為人權跟道德層面有所爭議，所以法務部修正規定，現在已經沒有死刑犯可以捐贈器官的規定了）。

如果問我，在被告終於被執行死刑槍決後，我有沒有覺得正義得到伸張？其實我也不確定這樣算不算正義，我只是做好我自己偵查犯罪的工作，找出兇手，給被害人家屬一個交代，或者說慰藉吧。

被告被槍決後過了幾年，我在某個活動場合，有位穿著地檢署志工背心的人過來跟我說：「檢察官，你記得我嗎？我是○○○的女兒。」

聽著她的自我介紹，再看著她，我想起來了，她是我去相驗時那個婦人的女兒，「喔，我記得了，你來地檢署當志工啊。」

「對啊。謝謝你，我一直留著你的起訴書，有時候還會拿出來看。那件事情之後，我就常來地檢署當志工，我想謝謝地檢署當時努力找出兇手。」語氣平靜，她的臉上似乎已經沒有哀傷的表情。

其實她也不需要特別謝我，因為那是我身為檢察官應該做的工作。「被告被槍決了，你知道吧？」我嘗試著跟她聊聊。

「嗯。」她點點頭。

「那你有覺得心裡比較舒坦一點嗎？或是說你心裡已經放下這件事了？」我想了解一下被害人家屬對於死刑執行的感受。

她沒有回答，眼神有點空洞，臉上的表情好像情緒複雜又有一點落寞。我跟她又聊了幾句之後便互相道別。

看著她離去的背影，有時候，我也在想，死刑到底行不行？

＊

過去大法官曾經在釋字第一九四、二六三、四七六等三號解釋中，明確指出死刑並不違憲，但大法官在民國一一三年四月二十三日又再次召開憲法法庭，審查死刑及相關刑法罪名之合憲性，針對死刑是不是違憲？如果違憲，有沒有取代死刑的其他刑事制裁手段？如果不違憲，是不是需要有配套措施？等議題進行言詞辯論，當日進行五小時的辯論，言詞辯論結束後預計三個月內宣示判決。

法律小知識

- 刑事訴訟法第二一八條第一項規定：「遇有非病死或可疑爲非病死者，該管檢察官應速相驗。」也就是說，只要有懷疑不是自然死或病死的，檢察官就要到場相驗。所以大家可以在兇殺、天災（地震、水災）、火場、車禍，甚至有人路倒的現場，都可以看到檢察官跟法醫的身影。
- 檢察官相驗叫做是「司法相驗」，另外有一種是「行政相驗」，主要指的就是自然死或是病死的情形。由當地的衛生所醫生，依據醫療法施行細則的規定開立死亡證明書。
- 「公民與政治權利國際公約」第六條第二項規定：「凡未廢除死刑之國家，非犯情節最重大之罪，且依照犯罪時有效並與本公約規定及防止及懲治殘害人群罪公約不牴觸之法律，不得科處死刑。死刑非依管轄法院終局判決，不得執行。」所以我們可以知道，這個公約不是一定要每個國家廢除死刑，例如美國跟日本現在還是有死刑。而且一個人被判處死刑後，也不是一定不可以執行。死刑的存在或廢除，需要這個社會透過更多的溝通，凝聚共識來決定。

再議制度與
通姦罪除罪化

破碎的感情，
刑法怎麼救？

為了維持運動的習慣，我騎著新買的腳踏車去上班。中秋節過後，南台灣秋天的太陽依然曬得我皮膚發燙。

一到辦公室，就看到桌子正中間擺著高檢署的「再議發回」命令。心裡想，昨天晚上將近十二點內勤結束之後，書記官一定又不曉得加班到幾點，不然怎麼一大早這張命令就出現在桌上？

被發回的妨害家庭案件

「李檢察官，我剛剛收到一件你再議被發回續查的案子ㄟ。」我拿著高檢署的發回續查命令到隔壁辦公室跟我的同事說。

「ㄏㄚˊ，哪一件？」李檢察官坐在辦公桌前用一臉疑惑的表情回應我。

「就是妨害家庭，通姦那一件啊！在○○賓館抓到的，就是那件只有老公告老婆跟情夫，但是情夫的老婆沒有提告那件。」

「什麼啊，那件也會被發回，被告兩個人都否認有性行為，警察衝進房間的時候，他們兩個人雖然衣服沒穿好，但是什麼都沒查到啊，連保險套或衛生紙都沒有。高檢署還要我們查什麼？」李檢察官非常不服氣地對我說。

我看了一下發回續查命令說：「高檢署說，警察到的時候，那女生躲在浴室沒穿內衣，男生上半身赤裸，這種情形很難讓人家相信兩個人沒有發生性行為，所以再查查囉。意思是不可能蓋棉被純聊天啦！」

「唉……算了，高檢署說發回就發回吧，那就麻煩你再查查看囉。有時候真不知道高檢署的檢察官在想什麼，這麼愛查不會自己查喔。」李檢察官繼續抱怨著。

「高檢署『長官』的想法，有時候很難猜透的。」我一邊吃早餐一邊說。

兩個地檢署基層檢察官無奈地一起抱怨。

「其實我也還在想可以查證什麼。不過，我在想啊，這種『告訴乃論』的案子，其實我們跟告訴人分析一下法律關係上的得失，說不定告訴人會願意撤回告訴。說實在的，通姦罪也不過才一年以下有期徒刑的罪，當事人如果沒前科，法院通常也不會判多重，所以搞不好講一講，告訴人會願意撤回告訴。」

「不會吧，我之前偵查的時候已經勸過告訴人很久了，他很堅持一定要提告啊，而且也提出民事訴訟要離婚，我看，要他撤回應該很難喔。」

「沒差啦，就試試看囉，說不定他這段時間有改變想法了。」

「好吧，麻煩你好好依照『長官』指示查一下啦。」

我們的對話就在李檢察官帶著一點戲謔的語氣後結束。

到地檢署來提告的案件，並不是每件檢察官都會起訴，如果檢察官偵查後認為證據不足，就會做成不起訴處分。但是大家可能會問，如果有檢察官沒有查到的證據，被告僥倖逃過，難道就這樣算了嗎？

什麼是再議制度？

為了填補這樣的缺失，所以有了「再議制度」。再議，就是當被告被檢察官做了不起訴處分後，有提出告訴的人，可以寫狀紙表示不服的理由，向「高等檢察署」（簡稱高檢署）提出再議，高檢署受理這個案子之後，就會由高檢署的檢察官來審查這個案件，看地檢署的檢察官偵查有沒有不夠完備的地方。

如果認同地檢署檢察官的做法跟判斷，那就會駁回告訴人提出的再議；如果認為地檢署的檢察官有些地方沒有查清楚，就會認為再議有理由，發回給地檢署繼續偵查。當然，會轉交給另一位檢察官承辦處理，這樣才可以保障告訴人的權利（所以那件原本由李檢察官偵查的妨害家庭案件，由高檢署再議發回後，到我手上來了）。

舉個例子來說，如果有一天我回家時發現我家被闖空門了，抽屜裡面的現金跟首飾都被偷了，因為我的鄰居之前幾天一直在我家門口徘徊，我覺得他鬼鬼祟祟的，而且他突然買了一輛全新的汽車，我懷疑他可能是竊賊。所以我向地檢署提出告訴，說我的鄰居偷了我的錢跟首飾，不然他怎麼有錢買新車？檢察官偵查後認為證據不足，小偷可能是別人，所以對我的鄰居做成不起訴處分。我覺得檢察官沒有查清楚，那就可以聲請再議。至於再議的結果，就要看高檢署的檢察官怎麼決定了，有可能駁回我的再議，也可能發回給地檢署繼續偵查。

那天在賓館到底發生了什麼事？

雖然說要跟告訴人分析一下繼續訴訟下，在法律上會有的利弊得失，但我還是覺得應該先問問兩位被告，確定他們兩人之間，到底有沒有告訴人所提出告訴的妨害家庭的事實？

兩位被告到偵查庭後，照例我先確認兩個人的人別有沒有錯誤，然後我請男性被告先到偵查庭外稍等一下。

「A小姐，你被你老公提出通姦的告訴，這件事你知道吧？」

「喔。」她點點頭。

「雖然這件案子，前一個檢察官把你們不起訴，但是高檢署認為還有疑點需要查，所以今天才會請你過來，釐清一下事實。這樣你了解嗎？」

「知道。」依然是很簡潔地回答。

「你認識B先生吧？」

「認識，是同事。」

「你們兩個在○年○月○日在○○賓館裡被警察查到，當時你跟B先生兩個人衣服都不是很整齊，你在浴室有穿上衣，但是沒有穿內衣，B先生上半身沒有穿衣服，你要不要跟我說到底發生什麼事？」

「……」她低著頭，雙手手指一直互相交纏，好像想講又不敢講。

「我跟你說喔，這件事都已經到地檢署來了，真的有發生什麼事的話，不如誠實講出來，這樣我們也可以思考看看怎樣好好地來處理這件事。我知道你先生已經提起離婚的訴訟，這種事情，有時候對方也不是一定要讓你被判刑，只是想要知道事情的真相，或者是一個道歉而已。如果你的婚姻看起來都沒辦法繼續維持下去了，要不要考慮說實話，讓事情比較好解決？」

「說實話沒關係嗎？」

「來地檢署當然要講實話啊！」

「檢察官，被警察抓到那天，我們真的沒有怎樣，是有互相摸來摸去，也把衣服脫了，但是還沒有……」

「喔，那天沒有，那之前有嗎？」

她眼睛終於看著我，想了一下，「有啦！」

「什麼時候？」

「大概半個月前。」

「也是去一樣的地方？」

「對啊，就是○○賓館。」

「那，做了幾次？」

「那天兩次。」

「還有沒有在其他時間有做？」

「沒了。」

「所以被警察抓到那天，本來也是要做，但是還沒做警察就來了，是嗎？」

「對啊。」她又低下頭，低聲回答。「檢察官，我這樣講，會不會怎樣啊？」她似乎有些慌張地問。

「不會啦，講實話不會怎樣，等一下我問完B先生，看他是怎麼回答，之後再處理好嗎？」我說完，請她到旁邊稍坐一下，同時請法警把B先生帶進偵查庭內。

「B先生，這個案子喔，告訴人告你跟他老婆有發生性行為啦，之前被不起訴，現在高檢署發回，要再查一下，你有沒有要說什麼？」

「沒有啊。」他用很沙啞的聲音應答。

「沒有？那你到底有沒有跟別人的老婆有性行為？」

「檢察官，我因為這件事喔，我老婆已經跟我離婚了，也沒有工作了，我很可憐ㄟ。」

「你老婆離開你了，工作也沒了，當然很可憐，但是，有沒有跟別人的老婆發生性行為，你還是要老實說啊！」

「檢察官，我老實跟你說喔，我……其實，硬不起來。」他聲音突然變得很微弱。

「ㄏㄚˊ，什麼？你不能怎樣？」

「我硬不起來啦，怎麼做？」

我看著A，聽到B這樣說，她的表情似乎有點複雜。

「我跟你說，人家女生這邊已經承認有跟你發生性關係，你現在說你硬不起來，這樣讓女生聽到，她會怎麼想啊？要一個女生承認跟她先生以外的男人發生性行為，這需要多大的勇氣，你這樣，身為一個男人，敢做就要敢當，不然女生會覺得愛錯人了吧！」

「被警察抓到的那天真的沒有啦，只有摸來摸去，我把她跟我的衣服脫掉，警察就來了啊。」

「所以就是本來要做，但是還來不及做？」

「對啊。」

「那之前有沒有？」

「之前也是有去賓館，也是先摸來摸去。」

「然後呢？」

「我有用手去摸她下面。」

「那手指有伸進去嗎？」

「有啦。」

「然後呢，不會只有用手指伸進去而已吧？依照人性，應該還有接下去的動作吧？」

其實，依照刑法的定義，用手指進入生殖器官雖然已經是刑法上的性交行為，但是所謂的「通姦行為」，依照法律解釋還是要有性器官的接合，所以我還是要確定被告兩個人的陳述。

「有啦，有進去啦，但是時間沒有很久。」

「雖然沒有很久，但還是有啊。那天做了幾次？」

「印象中應該是兩次吧！」

「好啦，那就是你們兩個都承認，被警察抓的那天準備要做但還沒開始做，可是半個月前在同一間賓館有發生性行為兩次，對吧？」我請A女一起坐到應訊處。

兩個人點點頭。

「你們兩個怎麼會發生感情啊？」我隨口多問了一句。

B男低著頭，似乎不願意回答。倒是A女很坦白地回答：「我們兩個之前都是在同一個部門上班，幾乎每天都一起工作，所以……」

處理過許多妨害家庭的案件，根據我的觀察，通常東窗事發後，女生的態度幾乎都很坦然，把事情發生經過講得很清楚；反而是男生通常都是閃閃躲躲，不願正面回應。這或許就是男女面對感情時不同的價值觀。

「那你們兩個還有沒有什麼話想說啊？」我最後問。

B男搶著先回答：「檢察官，我年紀也不算小了，我因為這件事老婆跟工作都沒了，我現在也沒有跟A小姐往來了，看能不能原諒我一下啦。」

「檢察官，我知道這樣做不對，我先生也跟我離婚了，小孩也給他養，我現在自己一個人生活，如果可以喔，你幫我跟我先生說對不起。」說著說著，她的淚水已經在眼眶裡打轉。

「A小姐，你跟先生之間要怎麼道歉，我可能不方便介入，我能幫你的，只有在這件刑事案件中，看怎樣的結果能對你最有利。我想，只要你好好跟你先生說，他應該還是會接受你的道歉的。」

「檢察官，謝謝你。」她終於忍不住，眼淚掉了下來。

「那你們兩個看完筆錄，沒問題的話就簽名，先回家吧！」

檢察官的心理輔導室

訊問完被告兩人後，接下來就是處理告訴人的問題。

剛開始接到這案件，看到告訴人的姓名時，我內心就在想，這個告訴人該不會是之前跟我一起合作，處理幫派組織犯罪案件的偵查佐吧！開庭當天，當他走進偵查庭時，的確跟我猜的一樣。

當然，依照程序，我還是要先跟他核對身分。

「你一切都還好吧？」我試著跟他閒話家常。

「檢座，不好意思啦，讓你看笑話了。」

「不要這樣說，事情發生了，就把它處理好，來地檢署沒什麼好笑話的。倒是你要忙著查案，又要為了這件事來地檢署，辛苦你了。」看他沒有接話，我繼續問：「這件，你還要繼續告嗎？」

「要啊，檢座，你也知道，我們當警察的常不在家，我老婆也不願在家照顧小朋友，堅持要出去工作，結果搞成這樣。她到現在也沒跟我承認她做錯事。那天警察去賓館，兩個人明明衣服都沒穿好，還敢說沒什麼，我真的氣不過。」他還是帶著氣憤的情緒說。

「你跟她離婚了嗎？」

「我們離婚了，我有對她提民事訴訟，要求她賠償，目前還在打官司。」

「我記得你有兩個小孩，現在誰在帶啊？」

「我自己帶，如果工作沒辦法，我就帶回去請我爸媽照顧。」

「還在念小學吧？」

「對啊。」

「你真的確定你要繼續告這件？」

「對啊，她到現在不承認她做錯的事，之前另一個檢察官偵查時，她不是還否認嗎？也從來沒跟我道歉過，我是很生氣，才提出再議。」

「你現在不要當我是檢察官，我們也認識這麼久了，就把我當朋友，聽聽我的意見，好嗎？」

「好啊，檢座你的意見是什麼？」

「我是這樣覺得啦，發生這樣的事，你們婚姻也維持不住了，也離婚了。我知道發生這種事，很多人其實只在乎對方有沒有承認或有沒有道歉，我老實跟你說，你老婆那天來開庭，親口跟我說，她覺得很對不起你，她現在也是一個人生活。」

「她真的有這樣說？那為什麼她之前都不說？」

「我沒有必要跟你說謊，是吧？」

他點點頭。

「你們現在還有民事訴訟，我想，下次開庭見到面時，她應該會跟你說對不起吧。好歹也當了幾年夫妻，我想，你也只是想要她跟你說聲對不起，你也不是真的想讓她被判刑吧？」

「是啊！」

「你現在自己一個人帶小孩，要上班，還有官司要打，這樣也太累了。我覺得現在最重要的事是把小孩帶好，媽媽已經不在身邊了，你應該要多花心思在小孩身上，不要讓他們因為這件事有其他不好的影響。更何況，你跑民事法院已經夠累了，如果案件真的起訴，還要來刑事法院，不是更累？這個刑事案件不是我今天問問你就結束了，如果起訴，將來你還要去刑事法庭出庭。與其把時間花在跑法院，還不如去好好陪小孩。說實在的，你們也已經離婚了，婚姻維持不下去，最糟的結果不就是這樣，你老婆如果因為這樣被判刑，對你來說沒有任何好處啊。大家都說，好聚好散嘛，既然已經分開，就好好把時間花在教育小孩身上。你覺得怎麼樣？」

「你講的我能理解，我現在也是為了這件事跑東跑西的。」他的聲音已經露出疲態。

「而且，我想，你現在應該是多看到你老婆一次就多傷心一次吧？以後還要開很多次庭，那你的心情更難平復啊！」

「我考慮一下。」他似乎已經沒有生氣的樣子，反而是眼眶紅了起來。

「沒關係，你慢慢想，反正今天你這件是最後一件，接下來也沒有庭了。」我試著讓他心情可以輕鬆一點。

空檔中，我跟書記官交代一下開完庭後需要查詢的資料。

「好，檢座，我就聽你的意見，我不告了。」他似乎恢復了精神。

「我只是想說，發生這件事已經有了遺憾，但現在的重點是好好照顧小孩，你的兩個小孩還那麼小，不要因為這件事將來再有其他遺憾。」

「也是啦！」

「那你看一下剛剛的筆錄，還有這份撤回告訴狀，如果沒有問題的話，兩份都簽個名，就先回去吧！」

他簽完名後要離去之前，轉頭跟我說了聲謝謝。

「下次我們一起去打球，把小朋友帶來球場奔跑一下，運動有益小孩身體健康，也是給小孩最好的禮物啊。」

「好啊，最近案件好忙，好久沒跟你一起打球了。我最近自己練三分球，愈練愈準喔！」他終於擠出了一絲微笑。

「你身材這麼好，好好在籃下攬和就好，三分球我來投！」我比了一個投籃的手勢。

「拜託，我是警界『Curry』ㄟ！」

我們兩個人大笑之後，他走出偵查庭。

下庭後，我跑去找李檢察官。

「你那件被發回的妨害家庭案子，告訴人撤回告訴了。」

「怎麼可能？我勸他很久ㄟ……」李檢察官瞪大了眼睛對我說。

我雙手一攤，聳聳肩。

李檢看著我，沒好氣地說，「算你厲害。」

「那中餐讓你請客吧！」

於是，我賺了一頓免費的午餐。

在冷硬的法條中給予一點溫暖

法律，對很多人來說就是冷冰冰的衙門跟硬邦邦的法條，但是我自己在處理案件的時候，總是希望案件的當事人可以感受到一點點溫暖，甚至我常常希望案子可以在地檢署結束，當事人不要再去法院經過刑事訴訟的程序，有時候那些程序是一種煎熬。

法律其實沒有辦法處理每一件事，就像夫妻的感情維持不下去了，刑法對這樣的情形其實是無能為力的。在有通姦罪的時代，刑法最多只能讓通姦的男方或女方被判刑（通常也是易科罰金），卻挽不回夫妻的情感，更多的情形是因為有刑罰，而讓夫妻反目成仇。

我常常在想，刑法救不回感情，但是檢察官一點點的努力，多一點的理解及溫暖，或許可以讓身陷案件當中的當事人心裡獲得一點安慰。即使對方沒有被法院判刑，在走出地檢署的時候，能感受到冰冷衙門內的微微溫度，也可以放下心中的怨懟。

法律小知識

- 刑法中本來有「通姦罪」，但是大法官釋字第七九一號解釋，認為通姦罪的規定違憲，所以刑法中的通姦罪在民國一一〇年五月三十一日，經過立法院三讀刪除通過。
- 雖然刑法刪除通姦罪，但通姦的行為還是有可能因為侵害配偶的權利，而必須負起損害賠償的責任。也就是說，通姦雖然沒有刑事責任，但是還是有可能有民事賠償責任。
- 對於檢察官的不起訴處分如果不服，可以在收到不起訴處分書之後十天內聲請「再議」。如果高檢署認為再議有理由，會將案件發回地檢署續查或命令起訴，如果認為沒有理由，就會「駁回再議」。
- 如果還是不服高檢署的駁回再議，可以在收到駁回處分書後十天內，向法院聲請「准許提起自訴」，也就是讓法院再審查一次。不過要記得，聲請准許提起自訴一定要委任律師。

從公然侮辱罪
談談告訴乃論

罵人
難道也有藝術？

小時候，長輩常告誡有兩個地方沒事不要去，第一個是醫院，再來就是法院。但現在因為健保制度設計的關係，很多人喜歡去「逛」醫院，真的是去「看」醫生，沒事拿拿藥也好。

不知道是什麼原因，現在好像愈來愈多人喜歡去法院或是地檢署，尤其是選舉期間，地檢署門口實在是很熱鬧。真不知道是應該認為人民的法治觀念強烈，會利用正當合法的程序來捍衛自己權利而高興，還是應該為了這種濫訴現象增多的情況而感到憂心。

什麼是告訴乃論罪和非告訴乃論罪？

到地檢署提出告訴的原因可以說是五花八門。我曾經收過的案件是，有人到地檢署對林志玲提出告訴，因為林志玲是「台灣第一名模」，占據所有鎂光燈焦點，導致這位提告的人在模特兒界沒有人注意到她，影響她演出的機會，林志玲的光芒壓制了她在模特兒圈的發展，所以認為林志玲涉嫌強制罪；也有在大熱天去買冰淇淋，顧客因為等太久，對老闆抱怨了幾句，老闆聽了不高興也回了幾句，雙方衝突就互相飆罵三字經，順便問候對方的長輩，進而雙雙提告對方公然侮辱。

還有鄰居之間感情不好，因為家裡牆壁長了壁癌，於是來提告隔壁的鄰居故意在他家牆壁注射有毒物質，導致牆壁斑駁，認為鄰居犯了毀損罪；更有處於競爭地位的補習班，在考場發送的傳單上，寫著對方的招生內容及錄取榜單黑幕重重、爭議不斷，因而被提告涉嫌誹謗罪。

從上面提到的案例可以知道，有些犯罪是需要認為自己是受害的人，來地檢署提出告訴，檢察官才會開始偵辦，這種罪名的類型就是所謂的「告訴乃論罪」，比方說傷害、公然侮辱、誹謗或毀損罪；至於不需要告訴人提出告訴，檢察官知道有人犯罪了就要主動偵辦的，就叫做「非告訴乃論罪」，比方說殺人、強盜、搶奪或詐欺罪等等。

在媒體上，大家常常可以聽到或看到記者說：「○○罪是『公訴罪』，所以檢警一定會查辦。」這樣的說法其實真正想表達的意思是：「○○罪是『非告訴乃論罪』。」這樣檢察官才會不管有沒有人提出告訴，都要繼續偵辦。所以下次如果再有人跟各位說「○○罪是『公訴罪』，所以檢察官一定會辦」的時候，各位可以大聲地說：「不是喔，是因為是

『非告訴乃論罪』，所以檢察官要主動偵辦。」簡單來說，檢察官是不是會主動去偵辦某一犯罪，不是因為它是不是公訴罪（事實上，所有的罪檢察官都可以提起公訴），而是看這個罪是不是告訴乃論罪。

大家可能會很好奇，如果要去地檢署提告應該要怎麼做？是不是像電視演的一樣，一定要去地檢署門口「按鈴申告」才可以？其實我覺得「按鈴申告」這個設計很有趣，就像過去要去開封府擊鼓，向包青天大人申冤一樣，讓現在一些喜歡作秀的人可以有事沒事去按一下。

事實上，真的要提告犯罪的話很簡單，並不一定要去按鈴，只要人到地檢署的法警室說「我要提告」，法警先生或小姐就會請你到地檢署的詢問室，之後就會有值班的檢察官或是檢察事務官，詢問你要對什麼人及什麼事提出告訴。甚至也可以用寫「狀紙」的方式，寫一份「告訴狀」寄到地檢署說要提出告訴，之後一樣會有檢察官或檢察事務官，開庭詢問告訴的內容。

所以並不需要個人親自到地檢署來「按鈴」，更何況，如果像某位民意代表要到地檢署按鈴申告，正氣凜然地說要揭發弊案，結果按到身障人士的愛心鈴，恐怕就有點糗了！

罵人就公然侮辱？

現代人因為彼此之間往來很頻繁，我們常常可以看到媒體報導某個人因為講了什麼話，就被別人到地檢署提告，因為刑法有規定，公然侮辱別人的話，法院可能判處拘役或三百元以下的罰金。依據刑法這條法律的規定，好像講了一些別人覺得不中聽的話就會很容易構成犯罪，尤其是吵架罵人的時候——吵架總是沒好話嘛。

根據司法院的統計，地方法院第一審的判決，因為妨害名譽（公然侮辱或誹謗）被判有罪的人，每年有增加的趨勢，而這還不包括有些人被檢察官不起訴或緩起訴的情形。而根據高等檢察署的統計，從民國一〇七年到一一二年之間，全台灣各地檢署所新收的案件中，妨害名譽都是名列前十名的罪名，可以說幾乎一年三百六十五天當中，每天都有人因為講話或是罵人而必須到地檢署來。

舉例來說，曾經有兩位學校的行政職員，因為學校內的停車位而有爭執，其中一位便對另一位說：「如果你覺得停車位是你的，你就脫褲子去圍。」結果就被提告公然侮辱。另外也有婆婆跟媳婦之間因為家庭問題，婆婆出言對媳婦說：「我早就知道你有預謀，有非分之想，覬覦我家的財產。」媳婦一氣之下就到地檢署告婆婆公然侮辱。這樣的案例不勝枚舉，於是司法資源就幾乎每天要處理這種人民之間的口舌之爭，其實有點無奈。

但說一些不中聽、不雅或者是罵人的話，一定就是公然侮辱嗎？倒也不是那麼一定。

運將之罵人事件

我曾經處理過一件案件，A跟B兩個人都是計程車司機，某天，兩個人因為排班的時候開車發生一點小擦撞，互相叫罵一陣，A過幾天就寫了一張告訴狀到地檢署，表示要對B提出公然侮辱的告訴。

接到案子後，我看了一下告訴狀，A在告訴狀上寫著：「告訴人與被告均為計程車司機，某年某月某日，兩人在火車站前排班時，因為開車時發生了擦撞，兩人下車理論，被告竟以『你是在哭夭還是哭爸』＊辱罵告訴人，被告涉嫌犯刑法第三〇九第一項公然侮辱罪。」心想，又是因為吵架鬧進地檢署，雖然好像不是什麼多嚴重的事，但還是要把兩個人找來地檢署，問看看到底當天發生什麼事。

開庭當天，我先確認兩人的人別身分，確定兩人就是告訴狀上寫的告訴人跟被告。

「被告B先生，你因為涉嫌公然侮辱罪被A提出告訴，等等我問你問題的時候，你可以想回答就回答，不想回答齁，就不用違反你自己心裡的意思來講話。你可以請律師幫你辯護啦，如果你有低收入戶、中低收入戶或原住民身分，國家可以幫你請律師，你也可以要求調查對你有利的證據，這樣你清楚你的權利嗎？」我試著用非常白話的方式，讓B了解他在偵查程序中可以擁有的權利。這就是大家看港片或是好萊塢的警匪片，警察抓到壞人時都會講的那段台詞——「你可以保持緘默，所有你講的話將來都會當作呈堂證供」。如果想要用法律的用語，這段話就是有名的「米蘭達警示」（Miranda Warning）。

B點點頭，看來有點無奈。

「你認識A吧？」我問。

「認識啊，我們都是在火車站的排班司機。」

「某年某月某日的時候，你跟A是不是在火車站前排班時，有不小心發生小擦撞？」

「對啊，他開車都不看啊。」B有點不爽地說。

「發生擦撞後呢？」

「吼……我們就下車看車子狀況，他一下車就一直說是我錯啊，一直罵我跟指責我，我也罵了他幾句。」一開始講很大聲，後面愈講愈小聲。

我看B自己好像也覺得講到重點了，繼續問：「那你罵什麼啊？」

B把頭低下：「就……」

「就什麼，你是不是有跟A講『你是在哭夭還是哭爸』？」我乾脆直接問了。

「有啦，但是我不是要罵他啊。」

「講這樣不是要罵他，啊不然咧？」

B突然理直氣壯地說：「我不是故意的，因為他一直認為是我故意撞他，對我指指點點，我一時生氣才這樣說。」

「所以你也承認你有對A講『你是在哭夭還是哭爸』？」

「對，但我真的不是故意要罵他。那天的情況就像我剛剛講的那樣。」通常在這樣的情形，被告都會一直強調不是要故意罵對方。

「那……A先生，你對被告講的話有什麼意見？」我轉向問A。

「檢察官，我們不過就是發生了小擦撞而已，他下車就用『哭夭』跟『哭爸』來罵我，我們那邊在排班的司機都知道他很愛罵人啦！我不是第一個被他罵的人，他真的很可惡。」

「我哪有？你不要亂講喔。」B急著要反駁。

「B先生，現在是告訴人講話的時間，你不要插嘴，等等會有時間讓你解釋，今天來是要解決事情，不是來吵架的。」

「那你覺得B講這樣的話，為什麼會侮辱到你呢？」我繼續問。

「他講這樣的話很難聽啊，而且，我爸爸不久之前過世。他罵我『哭爸』，我的爸爸剛死，他可以說這樣的話嗎？我覺得他是在說我是沒有爸爸的小孩，根本是在羞辱我。」A邊說一邊流下眼淚。

「喔。那B先生，你想要說什麼？」我讓B繼續講他想講的話。

「平常我是講話比較大聲，我也沒讀什麼書，但我真的不是故意要罵他，我願意跟他道歉。」

「檢察官，我有那天發生事情時的錄音檔案，你聽聽看就知道，他就是在罵我啦！」

「好，我知道了。那最後我想問問你們，有沒有意願想要和解？畢竟你們兩個都在同一個地方排班，沒必要這樣告吧？」我嘗試著問兩個人談和解的可能性。

畢竟公然侮辱是告訴乃論罪，如果雙方願意和解，告訴人因此願意撤回告訴，那麼這件案子就可以結束。告訴人可以得到他想要的道歉或賠償，被告也因此可以不用受刑罰的處罰。

「我是很願意和解啦，我也願意道歉，但要看A的意思。」B似乎自己覺得理虧。

「我不願意，他罵我那麼難聽，現在才要道歉，我不要和解。他要被判刑啦！」A很堅持地說。

眼看和解無望，那我也只好結束偵訊。「好吧，既然不願意和解，那你們兩個等等看一下筆錄，沒有把你們的意思記錄錯的話，簽名就可以先回去了。」

開完庭，回到辦公室後，把A剛剛拿給我的錄音光碟放來聽聽看。

（以下全為台語發音）＊＊

A：你會開嘴向人ㄘㄜˋ，你很會ㄘㄜˋ，你罵哭夭哭爸人嚨有聽到，你再繼續ㄘㄜˋ。

B：是安那駛你嚨供你對。

A：蝦咪人供蝦咪對啦。

B：你ㄟ嘴供告兌嚨指責，指責到金嘛，啊你是在哭夭還是哭爸。

聽完錄音光碟，其實事情很簡單。A跟B兩個人在計程車排班的時候發生了擦撞，A指責是B開車的問題，B就以「你是在哭夭還是哭爸」來回應A。重點就在於，B說這些話，到底會不會變成是刑法上的公然侮辱罪？

用什麼話罵人，不會被認為是侮辱別人？

俗話說「相罵沒好話」＊＊＊，本來嘛，不好的事才會「相罵」，如果是好的事，就會互相「額樂」＊＊＊而不會互罵。人因為不好的事情互相吵架鬥嘴，在生氣的情況下，要求一定要用文雅優美的文字，似乎是強人所難，何況，有人會說，人有講話的自由，想講什麼話是言論自由。但是，言論自由也是有界限的，最少，講的話不能去侮辱別人。

所以，重點是，用什麼樣的話罵人不會被認為是侮辱別人？

好比說，說別人「不要臉」、「黃臉婆」、「恐龍妹」或「死胖子」，這種對人外貌的描述，是不是侮辱別人？可能每個人感覺不一樣。

曾經有一位立委——就是把太陽花說成是香蕉的那位——在立法院議場對另一位女立委說：「你長得那麼醜，你是美女嗎？你不要丟臉了，你是美女嗎？你醜成這個樣子，用最低標準來看也是很醜。」法院最後認為：「外表美醜與否，與人格及地位高低之評價無關，且純屬個人主觀標準，每人都可以表達自己之評價，被告以其個人評價，認為以其最低標準，仍評斷告訴人『很醜』，充其量僅係被告個人對告訴人外表美醜之意見表達，殊無涉及是否貶損告訴人在社會上所保持之人格及地位之評價。」意思就是說，那位一時眼花誤認太陽花為香蕉的立委講這樣的話，並不是侮辱另外一位女立委。

有關於外貌的描述，標準可能不一，至於其他一些性格上的問題，比方說，說別人「跟陳水扁一樣」，或是「跟馬英九一樣」，是不是侮辱？嘿嘿，每個人的感受也都不一樣。

說到底，刑法上的公然侮辱罪，必須要是講話的人是出於要侮辱別人的惡意，用粗鄙的言語、文字、圖畫或舉動，來謾罵或是做其他輕蔑別人人格的行為。也就是說，直接對別人詈罵、嘲笑，或做其他足以貶損他人在社會上的評價的行為。至於是不是屬於足以貶損別人社會評價的侮辱行為，沒辦法只看一句話就決定，必須要參酌說話的人的動機、目的、教育程度、慣用的語言，講話時受的刺激、講話的用語、語氣、內容跟講話的前後文一起來看，不能只用隻字片語就認定是不是侮辱。

此案的「哭夭」與「哭爸」

回到計程車司機的這個案子。台語中很多人常講的「哭夭」，是指嬰兒或幼兒因為肚子餓而吵鬧不休的情形，因為過去台灣是農業社會，當時不像現在少子化，而是每一戶人家小孩子都很多，父母親忙於農事，沒有時間好好照顧小孩。如果小孩子因為肚子餓或其他事情哭了，父母會覺得心煩，以為小孩子又無理取鬧，便會說「哭夭」。所以「哭夭」這一個詞沿用到今天，是在形容一個人喋喋不休、惹人討厭，或是對別人的言論表達不滿、不屑，或極度不認同的意思。甚至，在現在一般人的用語當中，也可以表達驚訝或驚嘆的意思，例如早上出門時突然發現自己忘記帶手機，會說「哭夭，我忘了帶手機」，來表達猛然頓悟的感覺。

至於「哭爸」，直覺上的意思是指因父親過世而痛哭的情形，可以引申為極度傷痛或懊悔的意思。而一般的用法通常在質疑一個人無端惹事、無理取鬧或小題大作，表達的意思跟「哭夭」類似，只是語氣更強烈一點。跟「哭夭」一樣，「哭爸」也被用來表示懊悔或驚嘆的意思。另外，這個詞經過社會長期使用跟生活融合的發展，也可以接在形容詞的後方使用，用以加強形容詞的程度來變成最高級。比如說一個便當真的很難吃，常常會說「這個便當真是難吃到哭爸」，只是這樣的說法會讓人有比較粗俗或誇張的感覺。

「哭夭」跟「哭爸」不能稱得上是文雅的用語，但是卻是一個我們在日常生活中多用途的語言表達工具，當一個人對另一個人講出這樣的話時，究竟是表達什麼意思，那就必須看說話的人，當時講話的動機跟整體的情境來加以觀察囉！

A因為自己覺得跟B的車發生碰撞，他並沒有什麼不小心或疏忽的地方，所以不斷指責B，B因為這樣覺得受不了，所以才會講出「你是在哭夭還是哭爸」這句話。所以我認為，B這時候講這些話，是用來表示A喋喋不休，指責別人、讓別人覺得厭煩的意思。換句話說，B這樣講，應該是針對A嘮叨不止地講話表示不耐煩，是向A表示不要無理取鬧或胡說八道，用國語來講，應該就是「吵什麼吵！」「你在鬼叫什麼！」或「閉嘴，不要鬧了」等喝叱之意。或許B的用語讓一般人有粗俗不雅的感覺，但是B只是要對A的言行舉止，表達極端不認同或是要制止他繼續無理指責的行為，所以B應該是想要求A「你閉嘴」，而不是要對A的人格加以羞辱貶抑。

最後，我對司機B做了不起訴處分。當然，司機A一定不服，所以他提出「再議」（參考〈破碎的感情，刑法怎麼救？〉，頁一〇〇）。

再議的結果是「駁回」，高檢署認為B是在情緒激動下講出那些話，雖然讓A覺得不悅，但不能因為A個人主觀上的感覺不好，就認為B的行為是公然侮辱。

被罵或被侮辱都是一種主觀上的感覺，但是如果過度強調這種對於別人言論的感覺，導致我們在日常生活中講話必須小心翼翼，不然就會變成公然侮辱，這樣也不是刑法立法本來的意思。刑法是要處罰人的行為的法律，既然要處罰，就要嚴格地審查，不能隨隨便便就要處罰人民，否則這樣人民豈不是生活得很不安穩？

罵人也不見得是一件不好的事，人嘛，總是有一些情緒要發洩一下，罵罵人可以發洩情緒，說不定可以避免更不好的事情發生。但我還是必須要強調，這裡不是教導大家可以隨便罵人，措辭不當地罵人，最後還是有可能變成是公然侮辱的。所以，我們只能用好一點的文字來發洩情緒，所謂「罵人不帶髒字」，又能讓被罵的人知道自己被罵了，才是最高境界啊！

畢竟，罵人也是一門學問跟藝術。

＊——

哭枵（khàu-iau）。哭爸（khàu-pē）。兩者均引申爲粗俗的罵人用語。

＊＊——

A：你會開喙（khui-tshuì）共（kā）人罾（tshoh），你眞勢（gâu）罾，你罵哭枵哭爸人攏有聽著，你閣（koh）繼續罾。

（你很會罵人，你很會罵，你罵哭枵哭爸別人都有聽到，你再繼續罵。）

B：是按怎（án-ná）駛（sái）你攏講（kóng）你著（tioh）。

（怎麼開〔車〕都是你說的對啦。）

A：啥物人（siánn-mih-lâng）講啥物著啦。

（什麼人講什麼都對啦。）

B：你的喙講到（kàu）底（tué）攏指責（tsí-tsik），指責到這馬（tsit-má），啊你是咧哭枵抑是（iah-sī）哭爸。

（你講到哪裡都是指責，指責到現在，啊你是哭枵還是哭爸。）

＊＊＊——

也可說成「相罵無揀喙」（sio-mē bô kíng tshuì）。吵架時不會選擇講什麼話才適合，指一般人在吵架時易失去理智罵人，什麼難聽的話都講得出來。

＊＊＊＊——

呵咾（o-ló）。讚美之意。

法律小知識

- 在刑事訴訟中，檢察官向法院起訴叫做提起「公訴」；一般民衆自行向法院提起訴訟叫做「自訴」。
- 「告訴乃論罪」是被害人提出告訴，經過檢察官偵辦後，如果提起公訴，法院才會審判；「非告訴乃論罪」是不管告訴人要不要提出告訴，檢察官都可以主動偵辦，提起公訴之後交給法院判決。
- 不管是告訴乃論罪或是非告訴乃論罪，都可以提起公訴或自訴。
- 對別人罵不好聽的話，不一定會成立公然侮辱罪，要看講話時候的情境、動機跟前後文等等的因素來判斷。但是也不要因此就隨便罵人，因爲在實際的情況中，還是有可能構成公然侮辱罪。

年年遽增
幾乎癱瘓司法的
詐欺案件

歡迎來到
詐騙天堂

「ㄌㄧㄤ～～」星期天的早上，電話竟然響了！

我把手機鈴聲調成傳統的電話響鈴聲，手機一響，常常會嚇到自己。

平常上班時間為了處理堆積如山的案件，常常是晚睡早起，好不容易想說星期天可以睡到自然醒，竟然早上九點多電話就鈴聲響了，早知道應該把手機轉成無聲。不過，當檢察官的這幾年，因為怕案件臨時有狀況發生，所以已經習慣不把手機切換成靜音模式，就是擔心漏接了警察打來的電話，沒有辦法第一時間處理。

星期天早上的一通電話

「喂……」怕是警察打來，所以我故作鎮定。

「姚先生您好，這裡是○○書店。」一個操著中國口音的女生這樣說。

「喔，什麼事。」知道不是警察之後，我沒好氣地說。

「您之前是不是有在我們網路書店購買一本《替補的王牌》這本書？」

「有啊，怎麼了嗎？」

「不好意思，因為我們系統的錯誤，把您設定為批發商了，這樣會從您的信用卡多扣款，真的很不好意思，是我們的錯誤。」

「ㄏㄚˊ……那我應該怎麼辦？」我假裝很緊張的樣子。但是其實講到這裡，加上那一口中國口音，我已經知道這是詐騙集團的手法。

本來我接到詐騙集團的電話，通常會覺得他們的招數很了無新意，馬上把電話掛掉，圖個清淨。但是當下覺得，既然已經一大早被吵起來了，就跟詐騙集團玩一下好了，看看他們有沒有什麼新把戲。

「你是說，我買一本書被你們設定成批發商，所以是買很多本的意思嗎？」

「嗯，對，這樣會從您的信用卡多扣款，這是我們的疏忽，再次跟您說非常抱歉。所以我們打電話給您，要幫您解除設定。」

「那我應該怎麼做呢？」

「再次先跟您說抱歉，可能要請您配合我們操作網路銀行來解除設定。」

「可是我是刷卡，為什麼要用網路銀行？」

「喔，因為要退款給您，所以要請您等一下配合銀行人員的指令，操作網路銀行才可以退款。」
「我已經刷卡了嗎？那我怎麼沒有收到銀行的刷卡通知？」
「因為已經先跟銀行預扣款項，所以才需要您配合銀行人員進行操作。」
沒想到詐騙集團的話術訓練得滿好的，換個方式試探好了。
「不對啊，我想起來了，我看完《替補的王牌》這本書之後，我覺得很好看，所以我有多買二十本，想要送給朋友看，是不是因為這樣你們誤以為我是批發商？」
「姚先生，不好意思，我們系統目前就是把您設定為批發商喔。」
「那你們是不是搞錯了？我真的有多買二十本啊！你要不要再查清楚啊？」
「姚先生，不是這樣，是我們的錯誤，把您設定成批發商，真的很抱歉，要請您配合我們。」
「我真的有買那麼多本啦，你們一定是弄錯了。」
「姚先生，我們是很認真的，系統上就是把您錯誤設定為批發商。」聽得出來詐騙集團訓練好的話術被我打亂，只好一直重複一樣的話。

這位操著中國口音的小姐感覺好像有點生氣，我怕她不想跟我講下去，所以再改變一下方式。

「我知道了，我之前買過同一個作者另一本推理小說《空烏》，是不是這本被你們設定為批發商啊？」

「我幫您查一下喔。」電話那頭傳來電腦鍵盤的敲打聲。

「我們怎麼可能是詐騙集團！」

「姚先生您好，不好意思，讓您久等了。我剛剛幫您查詢過了，您的確是因為之前買《空烏》這本書，被我們系統錯誤設定為批發商。」

「那應該是，現在應該怎麼弄？」我又開始假裝緊張。

「那要請您等一下配合銀行人員操作網路銀行才可以退款。」

「可是我的銀行帳戶沒有申請網路銀行耶，這樣要怎麼弄？」

「那很簡單，您可以使用提款卡去自動提款機操作。」

「ㄏㄚˊ，提款卡不是只可以提款？還可以退款喔？」

「是這樣的，只要您配合銀行人員的指示，就可以退款的，您不用擔心。」

「可是我身上現在沒有提款卡耶。」

「您怎麼會沒有提款卡呢？」聲音聽起來有點不高興。

「喔，因為我是媽寶，我要領錢的話，我都要經過我媽媽同意，所以提款卡在我媽媽那裡。」我努力憋住笑。

「那您可以去跟您媽媽拿卡片，我可以先聯絡銀行人員。」

「你們會不會是詐騙集團啊？」我終於快忍不住了。

「姚先生，不要開玩笑，我們怎麼可能是詐騙集團，我們是○○書店。」

「我知道你說是○○書店，可是我突然想起來，我聽我朋友說過，他也曾經接過╳╳網路書店的電話，說他被設定為批發商，後來發現是詐騙集團耶！你要怎麼證明你真的是○○書店啊？」

「姚先生，○○書店這麼大的公司，怎麼可能會詐騙?!如果我們不是○○書店，怎麼會有你的資料，還知道你買什麼書？」此時，電話那頭的用詞已經從客氣的「您」，變成「你」了……。

「你這樣說好有道理喔！」

「那姚先生，現在可以請你配合我們的動作了嗎？」

「那請問我現在要做什麼？我想起來我有幾間銀行有申請網路銀行啦！」我又開始假意配合。

「那要先請您先登入網路銀行喔。」

「好，我現在登入○○銀行的網路銀行帳戶了，可是我帳戶裡面沒有錢應該沒有關係吧！」

「姚先生，您最好要使用帳戶裡面有餘額的帳戶喔！」

「為什麼啊？不是只是要退款給我嗎？帳戶裡面為什麼要有餘額？」

「是這樣的，我們在退款之前會先做一下測試，確保可以退款給您。」

「原來是這樣，那我用另個帳戶好了，那邊我記得有五百萬餘額。」

「這樣是最好的。」

眼看已經玩很久時間了，不想繼續玩下去，我也真的要起床了，所以就換了一個話題跟詐騙集團的人聊。

「小姐，我問你喔，你知不知道我是在做什麼的啊？」

「姚先生，我不知道您是什麼工作。」

「我偷偷跟你說，你不要跟別人說喔。其實，我是國際刑警。」

「國際刑警？那是在做什麼的？」

「你不知道國際刑警在做什麼的喔？就是專門抓壞人的啊，尤其是會跑到世界各國的壞人。」

「那你有抓到壞人過嗎？」語氣中透露出一絲不屑的感覺。

「當然有啊，你去Google一下就可以知道我抓過很多壞人。」

「喔，這樣喔，那你抓過什麼壞人？」

「我抓過很多啊。殺人的、賣毒的、販賣人口的人蛇集團，還有最重要的就是最近很多的詐騙集團。詐騙集團太可惡了，我要把他們統統抓光。你應該不是詐騙集團吧？」最後還要故意刺激對方一下。

「你說你是國際刑警，我看你應該根本沒抓到過詐騙集團吧！」語氣中聽得出不耐煩，所以反唇相譏我一下。

「那你就不知道了，我抓過很多，後來每一個都判重刑，就像你現在已經被我鎖定位置，我們等一下就會去抓你。」

「你在說什麼啊，我又不是詐騙集團，神經病。」嘟……電話被切斷了。

我都還沒講完，怎麼電話就被切斷了，只好起床了。

詐騙案成為刑事案的主流……

相信可能有些人跟我一樣接過詐騙電話，只是沒有像我這麼閒，還跟詐欺集團的成員亂哈拉一通。也或許有些人接到電話之後，不小心真的被騙了。

根據統計，詐欺案件在過去一年大幅增加了約百分之二十，已經成為了犯罪案件的大宗。

檢警調等單位為了追查這些詐欺案件，投入了大量的人力物力，詐欺案件幾乎已經快要癱瘓司法機關了。而過去五年，民眾因為被詐騙而產生的財產損失，大概增加了百分之七十二。光是在二〇二二年，因為詐欺案件導致的財產損失就高達將近新台幣七十億。要說詐欺案件已經成為台灣刑事案件中的主流也不為過。

在地檢署會因為要處理不同案件，而將檢察官分成不同組別，大致上會分成「檢肅貪瀆黑金組」、「緝毒組」、「重大刑案組」、「民生犯罪組」、「智慧財產權組」及「婦幼保護組」。在我工作的地檢署將詐欺案件全部交由重大刑案組的檢察官偵辦，而我曾經在重大刑案組待過三年，所以一路看著詐欺案件愈來愈多，詐騙手法也愈來愈翻新。

現在已經是社群網路世代，人與人之間透過網路建構各種連結，例如網路交友、購物或投資，也因為這樣，詐騙集團利用新的科技工具，開發出各式各樣的詐騙手法。

詐騙集團的詐騙方式從過去的金光黨、假綁架，逐漸演進到假的色情援交、假冒親朋好友借款、假冒檢警偵辦案件，到最近比較常見的假投資、假網路拍賣、假求職，或是假裝代辦貸款，甚至是打出美女牌的愛情詐欺，方法可以說是日新月異。而詐騙的管道也從過去的市內電話、手機簡訊，一路進展到社群網站、交友軟體或通訊軟體。

現在的詐騙集團分工相當細，有在機房裡面打電話或是發送訊息給被害人的人，有提供人頭帳戶讓被害人匯款的人，有負責收取人頭帳戶的存摺或提款卡的「收簿手」，有負責拿提款卡領錢的「車手」，有負責向車手收錢、彙整後交給上游的人（通常叫他們是「收水手」）。最後，還有利用各種管道（例如虛擬貨幣），將詐騙得到的錢洗錢逃避追查後，再分配詐騙所得的人。

目前檢警調花最多心力追查的，大部分都是提供人頭帳戶的人、車手以及收水手。

詐欺犯的刑度，嚴格來講並不是非常重，但是詐騙可以獲得的利潤卻是相當可觀，所以詐騙集團可以吸收到很多人去當車手，其中很多都是年紀很輕的人，甚至還有不少中輟生加入集團。

我在重大刑案組專門處理詐欺案件的期間，親眼見證了詐欺案件是怎麼樣跟新冠肺炎的案例一樣快速擴散跟成長，而政府打擊詐欺案件也跟對抗新冠肺炎一樣，除了沒有成立像中央流行疫情指揮中心一樣的「中央詐欺案件指揮中心」，每天開記者會公告詐欺案件的數量以外，同樣也是橫跨各部會，包括內政部、國家通訊傳播委員會、數位發展部、金融監督管理委員會及法務部，集合各種政府力量來打擊詐欺。

來分享一下我承辦過的其中一個詐欺案例，大家應該就可以略略體會，為什麼加入詐欺集團的人會愈來愈多。

在「偏門工作」社團應徵的工作

那是我當天開庭的最後一件案件，走進偵查庭的是一對二十歲出頭的年輕夫妻，懷中抱著一個應該只有幾個月大的嬰兒，姑且把他們稱為A男跟B女。

我先一一核對他們兩個人的身分之後，再開始訊問案件內容。這件案子簡單來說，就是一件夫妻倆一起去當領錢車手的案子。所以我預計先只問A男作案的經過，之後再讓B女表示意見。

「你是不是在○年○月○日下午大概○點的時候，在高雄市○○區○○○路的○○銀行拿提款卡分五次領錢，每次領兩萬元？」我問完之後，將卷宗裡面翻拍提款機監視錄影畫面的照片拿給 A 男看。

「有，那都是我去領的。」

「你為什麼會去領這些錢？」

「那是公司交代我的工作，叫我領出來之後交給廠商的會計人員。」

「你什麼時候去應徵這個工作？」

「大概今年〇月的時候，我在臉書的社團看到有一間公司在應徵外務人員，工作內容是要負責幫公司跑外務收錢，不需要什麼經驗。我按照廣告上留的 LINE 帳號跟對方聯絡，對方問我有沒有機車，我說有，對方就說我可以去上班。每天用 LINE 打卡上班，等公司通知去收錢，然後交給公司指定的人。」

「你領這些錢是什麼錢？」

「公司的人跟我說，公司是在經營服飾店，這些錢是跟廠商訂貨的錢，領完之後要交給廠商。」

「你領錢的提款卡是哪裡來的？」

「公司的人跟我約在火車站交給我，要我去領錢。」

「你這樣領錢的工作，每個月可以有多少薪水？」

「公司跟我說每次去領完錢可以拿到三千元。」

「你以前有其他工作經驗嗎？」

「有啊，我有在飲料店跟超商上班過。」

「那你以前應徵工作有這麼簡單嗎？只有打LINE，老闆都沒有見過你，你就可以上班了？」

「沒有，以前都還有面試。」

「所以你不覺得這樣的應徵程序很奇怪？」

「我不知道，我以為是因為新冠肺炎疫情關係，所以盡量不要接觸，用LINE聯絡就可以了。」

「一般正常公司之間的交易，要嘛匯款，要嘛就是開支票，為什麼要你分次去領現金出來交給廠商，你不覺得很奇怪嗎？」

「我也不知道，跟我聯絡的人就是這樣說，因為他說公司都是用現金交易。」

「那你錢交給廠商，有拿收據嗎？不然怎麼跟公司證明你有交錢？」

「沒有，我只有在LINE上面說我交錢了。」

「所以啊，你都不覺得這個工作很奇怪嗎？有什麼工作可以單純去領錢交錢，這麼輕鬆，一天可以賺三千元？」

「我真的就是相信公司的說法才去做的。因為那時候找不到什麼好工作，我太太又要生小孩，需要用錢，所以我才想說要去做這個工作。」

「你知不知道，現在在工地當散工，一天也才一千二到一千五百元？到底有什麼公司可以只要你去領錢，就會每天給你三千元？你需要用錢，最少也可以去工地工作啊，現在蓋房子的工地這麼多。」

「我不知道這樣不行，現在工作不好找，而且工地的工作太辛苦，我也做不來。」

「你覺得一間正常的公司，會沒有經過面試就叫你去工作，然後工作的內容是叫你去領錢交給別人，一天薪水就有三千元？」

「我有上網查那間公司的登記資料，確實有這家公司，我就認為是正當工作啊！」

「你在臉書哪個社團看到這份工作的廣告？」

「臉書的『偏門工作社團』。」

「你的學歷是什麼？」

「高職畢業。」

「那你知道『偏門工作』的意思嗎？」

「就可能是不是什麼好的工作……」

「你應該知道『偏門』可能就是不正當或是不合法的工作吧？」

「我是知道有這個可能啦，但是因為找不到工作又需要用錢，所以沒辦法。」

「既然你知道這個工作可能是不合法的，所以你去領錢交給別人有可能是在做違法的事情，比方說這些錢是騙來的，你應該也可能知道吧？」

「是有這樣的可能啦！」

「而且，你這樣領錢跟交錢，可能把別人被騙的錢層層轉交，讓警察追查不到，這樣是有可能洗錢，你知道嗎？」

「應該有可能吧！」

「那這樣你承認有詐欺跟洗錢的行為嗎？」

A男沉默了一下，回答：「經過你這樣說，這樣的話我承認應該有詐欺跟洗錢。」

接著我問B女。

「你對A男講的過程有沒有意見？你承認有跟A男一起去領錢，這樣的行為是詐欺跟洗錢嗎？」

「我有跟A男一起去領錢跟交錢，我知道這樣是不對的，我承認詐欺跟洗錢。但是我們是不得已的，為了要養小孩，又找不到好工作，所以我們才會去做這件事，我知道錯了，希望檢察官可以原諒我們。」

這件案件結果我用詐欺跟洗錢的罪名，起訴了A男跟B女。

像A男跟B女這樣，在新冠疫情之後，因為找不到薪資比較好的工作，而去網路上找「偏門」工作以賺取高一點的薪資，結果加入詐欺集團的年輕人，其實為數不少。

很巧的是，過了幾個月之後，有一天我在內勤值班，剛好又遇到A男跟B女到地檢署，一樣抱著小孩，這一次是因為判決確定之後，要進去監獄執行。

我問他們，要把小孩帶進監獄嗎？他們說，因為沒有人可以幫忙照顧小孩，所以只好帶進去，同時也跟我說，出獄之後會好好去找工作，不會再相信網路的工作廣告了。

從經濟與教育進行根本的防詐意識

詐欺案件幾乎年年增加，加上一般民眾認為法院對於詐欺犯的判刑太輕，使得台灣被批評為「詐騙天堂」。

政府集結各部門組成「打詐國家隊」，雖然有一定程度壓制詐欺犯罪的效果，但是我自己認為，如果從經濟跟教育層面下手，或許效果會更好一點。

也就是說，如果在經濟面，有穩定的就業市場，讓年輕人有足夠的薪資，那麼年輕人應該就不會為了虛幻的高薪，鋌而走險做詐騙的工作。

在教育面，教育部應該將數位安全素養跟防詐意識的教育納入課綱之中，讓老師跟學生都有能力面對數位時代的安全風險，這樣年輕人除了可以保護自己不會受騙之外，也可以防止自己不小心進入詐欺組織而誤觸法網。

法律小知識

- 利用簡訊、LINE傳送的投資資訊，要求點進網頁進行投資，網路購物設定分期付款錯誤，或是檢察官、警察因為偵辦案件要監管財產等等，都是詐騙集團常見的詐欺手法，千萬不要輕易相信而上當。
- 網路上刊登的求職廣告，要求應徵者領取不知名包裹、提供金融機構帳戶資料（不管是實體的存摺或是網路銀行），或是要求應徵者去提領現金，這些行為都有相當高可能是為詐騙集團做的詐欺行為，千萬不要因為薪水的誘惑就去做這些事。另外，網路上也常見代辦貸款的廣告，要求邀辦貸款的人提供帳戶資料，之後去提領現金，理由是為了美化帳戶交易金流以順利取得貸款，這其實也是詐騙的手法。
- 提供帳戶給不認識的人使用、當車手或當收水手，都會涉及詐欺、違反洗錢防制法，或組織犯罪防制條例，除了有刑事的刑責之外，民事上還需要賠償被害人的損失，貪圖一時輕鬆可以賺取的薪資，可以說是得不償失。

到法院或地檢署
作偽證的嚴重性

你說謊，
檢察官會知道

我有一個廣告導演朋友，有一天打電話給我。

「你現在可以講話嗎？」他的語氣有點嚴肅。

我們已經有超過三十年的交情了，所以其實我們平常講話都是在「拉滴賽」＊比較多，難得聽到他用這樣的語氣講話。

「怎麼了？你說。」

「我收到地檢署的傳票，要我去當證人，我想要問你我要準備什麼？」

「證人，什麼證人？車禍喔？」

「不是，我有一個朋友去提出告訴說被猥褻，我正好知道一些事情，所以我朋友請我去作證。」

「喔，那應該沒什麼吧，你就把你自己知道的事情講一遍給檢察官聽就好啊！」

「是說，我不用特別準備什麼嗎？比方說我要不要請律師一起去？」

「不用啦，你就盡量完整地把你經歷過，或知道的事情講完就好，你的身分是證人，不需要請律師啦，不要亂花錢，哈哈。」

在法院裡說話不要加油添醋

在我們平常的生活裡面免不了要跟政府機關往來，比方說去戶政事務所辦結婚或離婚登記、申請戶籍謄本；如果有土地或房屋問題，會去地政事務所調閱地籍圖；男生可能會去鄉鎮公所或區公所處理兵役問題，更多的人可能會到稅捐稽徵處詢問或處理繳稅的事情。但是講到要到地檢署或法院開庭，我想有經驗的人應該也不太多，所以通常收到地檢署或法院傳票的人，第一時間都會很緊張，不知道要幹什麼，也不知道會不會有什麼不利益的事情發生。難怪我的導演朋友會一本正經地來問我一些問題。

後來我跟導演朋友相約吃飯聊天，問他之前去地檢署作證的事情。

「開庭開滿久的，檢察官問我一些很細節的問題，我就把我知道的事情當作講故事一樣講給檢察官聽，反正我最會講故事啊。後來聽我朋友說有起訴了，可是不知道判決了沒有。」

「喔，那就好啊，我就跟你說不用緊張，你只要照你記得的事情講，不要加油添醋，反正檢察官還會去調查其他證據，來判斷到底誰講的是真的，有時候還抓出幾個作偽證的。」

「你們這個工作太傷神了，我還是找張鈞甯或陳意涵拍廣告比較好玩。」

「好啊，那你下次要找他們拍廣告的時候記得找我當男主角。」

「但是林醫師已經有先報名了耶！」

我們正經話沒講幾句，就又開始亂哈拉，從高中一年級開始就一直陷入這樣的循環。

簡易判決後不服上訴的賭博罪

我在擔任公訴檢察官的期間，有一天在辦公室看卷宗，準備之後要去法院蒞庭的案件，看到一件「簡易案件」，被告A男因為賭博罪被法院用「簡易判決」判有期徒刑四個月，被告不服上訴。一般來說，「簡易判決」經常都是被告已經認罪的情形，通常會上訴是因為覺得法官判刑太重，所以上訴希望法官可以改判輕一點。但這件案子比較特別，我看了一下被告的上訴書，A男是完全否認有提供賭博場所聚眾賭博的行為而提起上訴。

什麼叫做「簡易案件」？簡單來說就是犯罪情節比較輕微的案件，比方說在超商偷了一個麵包、跟鄰居打架打傷鄰居、在網路上跟人家吵架罵三字經、在路上撿到別人掉的東西沒有還而據為己有等等……在被告犯了上面舉例的這些罪，且被告也承認自己的犯罪行為，法院要判刑時，如果對被告的科刑是可以宣告緩刑、可以易科罰金或易服社會勞動的有期徒刑，或者是判拘役或罰金的狀況，那麼檢察官可以向法院聲請「簡易判決」處刑，法院就可以用「簡易判決」來對被告犯的罪行做判決。

因為簡易判決是由地方法院「簡易庭」一個法官做成，如果被告對於簡易判決的內容有不服的話，可以提起上訴，上訴之後就由地方法院組成「合議庭」，由三位法官一起來審判。

我在看簡易判決的時候，看到判決書記載A男都承認他的犯行，而且我看卷宗裡面的資料，被告在警察局跟在地檢署製作筆錄的時候，也都承認自己有聚眾賭博的行為。但是A男還是對於被法院認為他聚眾賭博的判決不服，還特別委任了律師幫他上訴。上訴書裡A男提到，他其實根本沒有提供賭博場所供聚眾賭博，在警察局警察對他做筆錄之前，警察有說這沒什麼，只要罰金罰一罰就沒事了，他相信警察的說法，所以才會承認有聚眾賭博的行為。但是後來卻被法院判有期徒刑四個月，所以A男認為，雖然他自己曾經有自白賭博的犯行，但是是被警察詐欺跟利誘，這樣一來法院的判決跟事實就有所出入，應該要改判無罪。

A男為了要證明他不是空口說白話，所以向法院聲請傳喚證人，證人就是A男的朋友B男，A男跟法官說，B男當天有去警察局，有看到警察在對A男問筆錄的情形，所以B男可以證明A男是被警察詐欺跟利誘。A男已經提出上訴，而且還聲請調查證據、傳喚證人，那麼為了讓事實可以盡量還原，我也向法院聲請傳喚對A男製作筆錄的員警，到庭作證說明A男製作警詢筆錄的過程。

作證之前先「具結」

到了開庭當天，由我先詰問證人（也就是警察），警察根據我詰問的問題，一一說明A男是怎麼樣在自己經營的彩券行讓人家簽賭下注六合彩、被警察在彩券行查獲簽注單的狀況，以及之後去警察局做筆錄的情形。警察並且進一步陳述，在對A男說明完可能涉嫌的罪名，以及告知A男的權利之後，就開始做筆錄，沒有A男所講的什麼詐欺或利誘的情形。被告的辯護人可能認為從警察這方面沒有辦法多做什麼突破，所以針對警察的部分也沒有進行詰問，就結束了警察作證的部分。

重頭戲應該是在A男的朋友B男的作證。

B男原本在法庭外面等候，法庭的庭務員點呼B男進到法庭之後，審判長法官先核對了B男的基本資料，確認是B男本人。之後審判長法官詢問B男跟被告A男有沒有親屬關係，或是A男跟B男之間有沒有法定代理人的關係，B男都回答沒有。

之後審判長法官跟B男說明，作證之前要「具結」，就是要保證待會作證講的話都是實話，否則的話「偽證罪」最高可以判處有期徒刑七年。

證人具結的程序是這樣：先唸完「證人結文」，通常證人結文的內容大概是「我會實實在在依我所知道所看到的，向法院說明，不會隱瞞、誇大、增加或減少，如果我說謊，我願意接受偽證罪的處罰」，唸完之後，證人簽名交給法院。

B男在聽完審判長法官的說明之後，表示他已經理解具結在法律上的意義，就朗讀了證人結文後簽名，表示他一定會講實話。

流暢到令人起疑的陳述

被告委任的辯護人開始主詰問B男。

「你跟被告是什麼關係？」

「我們已經認識十幾年了，我們一樣都是開彩券行的。」

「你知不知道被告在某年某月某日被帶去警察局？」

「我知道啊，他有打電話給我，說他被帶去派出所，因為警察說他賭博，要我去警察局看看。」

「那你麼時候去警察局？」

「我接到電話之後，大概過二十分鐘我就關店，那時候應該已經超過晚上九點了，因為已經開獎完了，所以我就關店以後去派出所找被告。」

看著B男針對辯護人的問題對答如流，讓我不禁職業的疑心病又發作了，心裡想，「怎麼回答得這麼流暢，是不是有事先預演過？」繼續聽著詰問的內容。

辯護人繼續詰問。

「你去派出所的時候，你看到什麼狀況？」

「我進去之後，就看到被告坐在椅子上，我去問他發生什麼事，他說警察說他賭博，等一下要問他筆錄。大概快要十點的時候，警察跟被告說，這個罰金罰一罰就沒事了，趕快把筆錄做一做，就可以回家，被告因為很擔心他假釋的問題，所以一直問警察這要不要緊，警察就一直回答說罰金罰一罰就沒事。」

「所以你有聽到警察跟被告說『罰金罰一罰就沒事』？」辯護人加重語氣。

「有啊，在做筆錄之前警察就一直這樣說，我在旁邊都有聽到，被告有跟警察說他不是六合彩的『柱仔腳』＊＊，那些簽注單是他自己在算牌用的，不是賭客簽的，警察就一直說這沒關係啦，你承認的話就是罰金繳一繳就好，沒事啦。被告應該是聽警察這樣說，所以才會承認有在簽賭。」

「所以被告是聽警察這樣說完之後才開始做筆錄？」

「對啊，我在旁邊陪他做完筆錄才一起回家啊！」

B男跟辯護人這樣一問一答好像沒有什麼破綻，但是當B男講到他去派出所看到A男跟警察之間互動的情形時，我正好在看A男的警詢筆錄，發現有一個奇怪的點，我在思考著，如果辯護人跟B男這樣的一問一答有事先經過演練，那麼怎麼會沒有發現這點呢？

辯護人向審判長法官表示沒有問題要詰問了，接下來就換我反詰問。

讓我們看一段筆錄時的錄影光碟

在我開始反詰問之前，我請審判長法官跟B男再一次說明作證的義務，跟如果作偽證的法律效果是什麼。審判長法官同意我的請求，並且再跟B男說明一次，B男還是說他知道。

我緩緩地站起來，問了B男第一個問題：「剛剛審判長跟你說有關於證人作證的義務，跟作偽證的法律效果，你有真的了解嗎？」

「我知道啊。」

「你剛剛說你是大概晚上九點過後去派出所？」

「對。」

「你有確定已經九點了嗎？」

「確定啊，因為樂透已經開完獎了，我是關店之後才去派出所，已經過九點了。」

「那你到派出所應該九點多了？」

「嗯。」

「然後你有跟被告講了一下話，警察才要來做筆錄？」

「對啊。」

「警察大概十點來跟被告講話？」

「是。」

「警察跟被告講完話才開始做筆錄？」

「對。」

「做筆錄之前你有聽到警察跟被告這說沒事，罰金罰一罰而已？」

「有啊。」

「之後做筆錄的時候你有在旁邊聽？」

「有啊，我都在旁邊。」

「你那時候有戴手錶嗎？不然怎麼知道時間？」

「我有看手機。」

「所以你有確定你在派出所，警察去跟被告講話的時候已經十點了？」

「有，我確定。」

我看著B男說：「你能確認的話，那非常好。」然後轉頭向審判長法官說：「審判長，我有一個請求，能不能當場播放一下被告製作警詢筆錄時的錄影光碟？就播一小段就好。」

「異議！審判長，檢察官這個要求跟詰問證人無關。」辯護人突然有點激動地表示。

審判長看了一下辯護人之後問我：「檢察官，你可不可以說明一下你要求聽被告警詢錄音光碟的理由？」

「審判長，因為剛剛證人的證詞，我有一些事情必須要先請證人聽一下被告的警詢錄音之後，才能繼續進行詰問。」我看著證人跟辯護人回答。

審判長裁定：「異議駁回！請庭務員準備一下播放光碟的設備。」

庭務員調整了一下電腦設備，開始播放。

「檢察官，你說要聽哪個部分？」審判長問。
「我只需要讓證人聽開頭跟最後結尾的部分就好。」
庭務員操作著滑鼠，開始播放被告警詢的錄影光碟。
在一陣吵雜，搭配著警局人來人往的背景音，開始聽到警詢筆錄的錄影錄音內容。
「現在時間，民國某年某月某日晚上八點十五分，開始詢問被告……」時間已經晚了，可以聽出警察打起精神地說。
「審判長，可以了，可以快轉到最後嗎？」我打斷播放。
審判長點點頭，庭務員按著滑鼠快轉。
「現在時間，晚上八點五十二分，訊問完畢。被告看完筆錄請簽名。」警察好像如釋重負地說。
「審判長，這樣可以了。請讓我繼續詰問證人。」
「檢察官，請繼續。」
「B先生，你剛剛有聽清楚我請法院播放的被告的警詢錄音嗎？」

「有啊。」B男似乎還沒有發現異狀。

「審判長，請提示被告的警詢筆錄讓證人看一下好嗎？」

審判長將卷宗拿給庭務員，庭務員再遞給B男。

我走到B男面前：「你可以大聲唸一下警詢筆錄第一頁開頭嗎？」我指著筆錄。

「筆錄時間晚上八時十五分起至八時五十二分止。」B男愈唸愈小聲。

「筆錄上面寫著做筆錄的時間是晚上八點十五分到八點五十二分，我們剛剛也聽看了錄影光碟，聽到警察說的時間，跟筆錄記載一致。你再跟三位法官說一次，你剛剛說警察幾點做筆錄？」

「十點。」B男有點手足無措小聲地說，然後看向A男。

「警察做筆錄的時候，你根本不在場，你剛剛講的跟事實完全不一樣，你要不要跟法官說你有沒有說謊？」我走到證人席旁，看著三位法官。

B男低著頭，法庭現場陷入一片沉默。

「審判長，我沒有問題了。」我走回座位坐下。

為袒護友人而作偽證

審判長繼續主持審判程序的進行：「辯護人，你有覆主詰問嗎？」

「B先生，你剛剛說你九點過去派出所找被告，你有看時間嗎？還是你習慣九點關彩券行，所以你以為是九點了？」辯護人試圖挽回一點什麼。

「喔，我平常都九點多關門，所以我想應該已經九點了。」

「你有可能因為要去派出所找被告所以比較早關門嗎？」

「啊，有可能啦，那天我接到電話就急著想去找他。」

「所以剛剛你講的時間應該也只是你猜想的，不一定是正確的時間？」

「應該是這樣啦。」

「審判長，沒有其他問題。」辯護人嘆了一口氣後坐下。

審判長接著詢問我有沒有覆反詰問。

「審判長，我沒有問題。」

「那檢辯雙方對於證人B先生的證詞有什麼意見？」

「我們結辯的時候表示意見。」辯護人說。

「審判長，從剛剛證人的證詞跟客觀的情況來看，證人很明顯為了袒護被告而作偽證，他的證詞根本不能採信。」我說完後看向B男，只看見他緊張地一直搓手。

實話實說是最好的策略

這件案件最後結果，法院駁回被告上訴，因為已經不能上訴所以判決確定，A男維持四個月有期徒刑的判決，但是可以易科罰金。

在判決確定之後，我主動檢舉B男涉嫌偽證罪。B男後來以偽證罪被起訴，在偵查跟審判過程中都承認因為A男要求幫忙，所以才會配合A男那樣講。經過法院的審理，因為沒前科，所以法院判決有期徒刑兩個月，緩刑二年。緩刑的條件是向公庫支付新台幣五萬元，加上參加法治教育三個場次。

我們的刑法有規定，如果一個人犯了罪，這個罪的最重本刑是五年以下的有期徒刑，而最後法院的判決是六個月以下有期徒刑或拘役的時候，那麼被告可以易科罰金。就像本件的A男一樣，因為聚眾賭博是三年以下有期徒刑，A男被判處有期徒刑四個月，可以用繳罰金的方式來代替入監服刑。如果一個罪的最重本刑不是五年以下——比方說最重本刑是七年以下的偽證罪——所以一個人如果犯偽證罪，就算法院最後的判決是六個月以下的有期徒刑，還是不能易科罰金。

所以大家應該可以看出來，如果B男沒有緩刑的話，那他的結局應該會比A男還糟糕，因為A男可以易科罰金，但是B男卻要進去監獄服刑。B男應該一開始沒有想到，想要力挺朋友，卻讓自己多背上了偽證罪。

說一個謊要用十個謊來圓，雞蛋再密也會有縫，這都是奉勸人要誠實的老話。我常常跟我的親朋好友說，如果到了地檢署或是法院，不管是被告、告訴人或是證人，最好的策略就是說實話，把自己知道的事情說清楚就好，因為檢察官或法官終究還是調查得出來到底誰在說謊。有時候為了義氣相挺朋友，結局不但可能不如預期，還有可能讓自己陷入更糟的局面。

＊ 抐豬屎（lā-ti-sái）。即講垃圾話之意。

＊＊ 柱仔跤（thiāu-á-kha）。樁腳。

法律小知識

- 被告或告訴人在刑事訴訟程序當中，除了講述事實之外，還需要一些專業法律意見的協助，所以法律規定被告可以委任律師當辯護人，告訴人可以委任律師當告訴代理人（沒有律師資格也可以當告訴代理人），目的是保障被告跟告訴人法律上的權利。
- 至於證人，因爲證人就是把自己聽到跟看到的事情照實講出來，而證人講的這些話在法律上的評價是什麼，檢察官跟法官會判斷，所以證人不需要委任律師，就算委任律師，律師也不能陪證人去開庭。
- 僞證罪是不能易科罰金的罪，一旦被判刑而沒有宣告緩刑，就要入監服刑，所以到地檢署或法院當證人，最好的策略就是「講實話」。

司法通譯制度再思考

檢察官，我聽不懂

因為從小在屏東鄉下長大，所以我的母語應該是台語，上小學之後才開始學講中文，在小學時期甚至還有經歷過講台語要罰錢的時候。現在講話參雜著濃濃屏東台語腔的我，其實也是一個很喜歡學外國語言的人，可惜以前鄉下學習資源比較少，所以我一直到國中才開始學英文字母。這段求學往事和朋友提起，很多人都不相信有人從國中才開始學英文。

因為喜歡學外文，所以除了英文以外，我曾經學過日文、韓文、德文、法文、西班牙文、義大利文跟俄文，但是目前還可以用來溝通的大概只有英文跟德文。我很喜歡到世界各地去玩，可是如果到了英文跟德文都用不上的地方，那就會讓我感覺到溝通非常困難。

記得有一次，跟朋友去西班牙，為了去看唐吉軻德的風車，到了一個鄉下地方，看完準備回程的時候，發現火車站已經關了，因為站太小，所以一天車子沒幾班，火車站也就關了（好隨興的西班牙人）。在我們傻眼的同時，只好想說，乾脆叫計程車好了，但是語言不通又沒辦法打電話叫。這時，正好有一輛車開過來，我們用力揮手把車攔下來，停車後我們只會跟駕駛說「Taxi」，然後駕駛講了一大串西班文，我們根本聽不懂。就在這個時候，我聽到了一個以前學西班牙文的時候常聽到的一個字「¿dónde?」，我知道這個字是「哪裡」的意思，所以我猜駕駛應該是問我們要去哪裡，我馬上跟駕駛說我們要去附近另一個比較大的火車站，熱情的西班牙人竟然就決定載我們去車站！

那個時候除了萬分感謝之外，還深深感覺到，在異國生活，如果不懂當地語言，真的會遇到很多麻煩事啊！

檢察官，可不可講白話一點？

隨著科技的進步與自由貿易的進展，全球化已經成了一股無法抵擋的趨勢。全球化是一種多面向的歷程，包括了經濟、政治、文化與軍事等。隨著時代的變遷跟全球化的來臨，各國之間人民的流動性也增加，也就是說，在全球化的浪潮之下，人人都可以自由在各大洲之間穿梭移動。所以，世界各地的犯罪行為也有了全球化的現象，在二十世紀末期，犯罪的全球化可以說是一種新興的現象。跨國犯罪其實也是全球化所帶來的負面影響，隨著各國政治、經濟或文化更頻繁的交流及結合，各種類型的犯罪也更具有國際性，形成了各國社會裡嚴重的安全問題。伴隨著犯罪的國際性與全球化，除了國際間司法互助合作之外，犯罪行為的偵查、審判等訴追活動，也有了全球化的現象。在這樣的情況下，外國人民因為犯罪行為，而在我國受刑事訴追的情形也愈來愈常見。

常常可以聽到有人說，刑事訴訟的目的是在發現真實、實現公平正義，可是發現真實與公平正義的前提，是建立在刑事訴訟程序裡的當事人可以相互溝通。在偵查程序裡，就是被告聽得懂檢察官問什麼問題，檢察官也可以理解被告的回答。如果被告對於法庭的訴訟語言沒有理解的能力，那麼對於被告訴訟上的權利就會造成很大的傷害。

我國的法院組織法有規定在開庭的時候要講「國語」，這是為了讓訴訟程序可以順利進行，所以才會有這樣統一語言的規定，雖然說實際上開庭的時候，常常都會有國台語夾雜的情形。但是法律的語言其實跟我們日常生活用語有一定程度的不同，比較專業或是比較有技術性一點，對於一般人來說其實存有某種使用或理解上的障礙。

我曾經在開庭的時候，為了一個問題反覆向告訴人確認，但是告訴人好像一直沒有辨法理解我的問題，我最後問說：「你有聽懂我的問題嗎？」告訴人這時候才說：「檢察官，你講得太難了，可不可以講得白話一點？」我愣了一下：「我剛剛講文言文嗎？」告訴人說：「也不是，可是我就是聽不太懂。」不過，我最後很努力地把法律的術語，用簡單淺白的方式說了一遍，才終於讓告訴人知道我要問什麼。

舉個例子來說好了，刑事訴訟法有規定，要訊問被告之前，要先告知被告在訴訟上的權利，法條的文字規定是這樣：

訊問被告應先告知下列事項：

一、犯罪嫌疑及所犯所有罪名。罪名經告知後，認為應變更者，應再告知。

二、得保持緘默，無須違背自己之意思而為陳述。

三、得選任辯護人。如為低收入戶、中低收入戶、原住民或其他依法令得請求法律扶助者，得請求之。

四、得請求調查有利之證據。

我相信很多人看完這一段文字，頭都暈了。如果我就這樣照著法條的文字唸一遍，我想很多人也不一定知道是什麼意思。

以我自己開庭的經驗，尤其是剛「出道」當檢察官的時候，我這樣對著被告唸，最後問：「這是你訴訟上的權利，你清楚嗎？」通常我得到的答案都是「ㄏㄚˊ？」然後一臉疑惑看著我。所以我後來都用非常白話的方式，把這一段法律文字講給被告聽，才減少了被告聽不懂的情形。

我有很多朋友跟我說：「你們念法律的講話好難懂。」確實，因為法律用語的精確性跟專門性，導致很多講中文的人常常也搞不清楚其中的含義是什麼，更不用說連中文都不會講的外國人了。如果這些外國人在台灣要到地檢署，更需要有同時懂法律跟會外文的人幫他們翻譯。

辦案時遇到外國人要講中文還是外文？

講到外國人到地檢署需要翻譯的事情，有一件案子到現在我還印象深刻。

那一天我是外勤值班，在辦公室看卷宗的時候，法警打電話給我，通知我有屍體在殯儀館等待相驗。我把卷宗稍微整理一下，就跟書記官還有法醫一起搭車到殯儀館。

法警室接到警方通報有相驗案件的時候，通常警方都會將他們在發現死亡屍體現場看到的一些狀況，寫成簡單的報告傳真到地檢署，所以我在搭車出發去殯儀館相驗的路上，就先看了那份簡短的報告，好準備待會到殯儀館時，會有什麼事情需要向家屬或是警方確認的。

死者是一位台灣籍的中年婦人，她的先生是一名英國籍烏克蘭裔的外籍人士A男。A男是因為太太進去廁所很久，覺得奇怪，所以打開廁所的門發現太太已經死亡了，但死亡的時候，嘴巴裡插著一枝牙刷。

看到這個奇怪的現象，我在往殯儀館的路上就一路思考，要怎麼樣問A男一些事情，釐清到底發生什麼事情，同時也在想，殯儀館現場不知道有沒有「外事警察」（處理外來人口保護、外國使領館、駐華機構及官員之保護與涉外案件處理），或是翻譯人員可以幫忙翻譯？

到了市立殯儀館後，我一眼就看到A男在相驗屍體的地方外面等待。雖然依照法院組織法之規定，在處理檢察事務時的用語應該是中文，但我還是想說，在進行正式程序之前，先用英文跟A男簡短交談一下（以下為英語對話）。

「請問你是死者的先生嗎？」

「是啊，請問你是？」冷淡的語氣加上刻意保持距離的眼神。

「我是檢察官。」

「檢察官啊，所以你應該要會講英文。」

聽到這句話，心中突然有一種不舒服的感覺，我心裡想，在台灣這個國家，要處理公務，講中文是理所當然，為什麼一定要會講英文呢？而且這也勾起了我之前在德國留學時，剛到德國時尷尬的經驗。

記得當年我一個人到德國念書，抵達後，因為要把帶在身上的現金趕快存到銀行，就到了德意志銀行辦理開戶。可是因為擔心德文不好，怕銀行行員聽不懂我的德文，所以輪到我去櫃檯辦開戶的時候，我就先用英文跟行員說我要開戶，行員聽了，抬起頭跟我說：「你要來德國銀行開戶，你為什麼不說德文？」

當時我心跳漏了一拍，想說那這樣怎麼辦呢？只好硬著頭皮結結巴巴地講德文，然後還附帶說明，因為德文不夠好，所以請行員等等講話的時候慢一點，我比較好聽得懂。說也奇怪，雖然那時候德文講得很爛，行員在聽我講完之後，竟然笑著說：「你會講德文嘛！」然後很輕鬆地幫我辦完開戶，還跟我說了一下在德國生活要注意什麼事情，我也就帶著愉快的心情離開銀行。

所以當A男跟我說「你應該要會講英文」的時候，其實心裡有點不太高興，想說：「你應該要跟我講中文才對吧！」但為了案子順利進行，還是先繼續用英文跟A男講話。

「那你會說中文嗎？」

「一點點。」

簡短的對話就在稍嫌冰冷的氣氛中匆匆結束。

在跟法醫一起檢視完屍體後，法醫認為屍體沒有明顯外傷，加上死者本身並沒有特別的病史，為了確實釐清死者的死亡原因，法醫建議進行解剖。在排定解剖日期前，依照相驗的程序，還是需要對死者的家屬製作相驗筆錄，才能算是完成了相驗程序。

因為死者的配偶，也就是A男，是外籍人士，而且根據我剛剛跟他對話的經驗，A男好像不太能用中文溝通，加上死者的父親也有到場，所以為了順利製作筆錄，我決定問死者父親一些問題，製作筆錄的過程中，請A男在旁邊觀看，讓他聽聽看我在問什麼。

書記官將筆錄打完，我向死者父親說明為什麼要進行解剖的原因之後，在等待列印出筆錄、讓家屬簽名的過程中，我問了一下死者父親，A男是不是會講中文？死者的父親說，A男其實可以聽懂簡單的中文，也可以用簡單的中文跟家裡的人對話，但是有時候還是需要死者協助翻譯。在了解這樣的狀況之後，我再次用英文跟A男說需要解剖進而確定死亡原因，然後問問A男有沒有其他的意見想要說明？

A男只是眼神茫然地說沒有其他意見，我就搭上公務車回辦公室，但A男那樣的眼神，卻讓我在回去辦公室的路上感到惴惴不安。

語言隔閡的無助

到了排定解剖那一天，我到了市立殯儀館，正要走去附設在殯儀館的解剖室，與解剖醫師討論相關案情之前，看見A男獨自一人蹲在解剖室外的屋簷下抽菸。我突然不知道為什麼，想跟A男聊一聊，所以就走過去，蹲在A男旁邊。

當然，我們仍用英文進行對話。

「等一下我們要進行解剖，其實解剖沒什麼難的，就跟一般手術一樣，結束後還是會把屍體完整地縫合，不會讓屍體有缺損，你不用擔心。」

「檢察官，我知道解剖是什麼東西，我不是在擔心屍體的問題，其實我有點害怕。」

「你害怕什麼，其實解剖就是找出死亡原因而已啊，不用怕。」

「我不是怕解剖，我是害怕不知道到底發生什麼事。從事情發生那一天，警察就到我家裡，然後問我一些問題，然後寫筆錄。雖然警察有安排一位翻譯，但我覺得，他好像聽不懂我講什麼，有時候我說了一大堆，他只有翻譯一、二句。我很害怕很多事情我都不知道，我覺得我的翻譯很爛。」

聽完Ａ男講這些話之後，我的腦袋似乎狠狠被敲了一下。又回想到我當年一個人去德國念書，就算是日常生活簡單的對話，當我聽不懂對方講的德文時，我都會感覺到很心慌，深怕會漏了什麼訊息。尤其是去學校詢問一些入學或修學分的事情，那更是緊張，真的很怕不知道發生什麼事，會不會影響留在德國念書的情形。

像Ａ男這樣的外籍人士，就算是在自己的家鄉，發生了老婆過世的情形，可能都會六神無主，不知道該怎麼處理，更何況發生在外國，又碰到要經過司法調查程序，如果很多事都聽不懂，可以理解Ａ男確實是會有擔心又害怕的心情。

「沒關係，你不用害怕，等等解剖完之後，我先不對你做筆錄，我會先安排專業的『通譯』，到時候再請你到地檢署製作筆錄，一定會讓你知道發生什麼事情，保障你的權利。」我希望這樣的說明可以先讓Ａ男稍微安心一點。

「謝謝。我覺得如果下次要做筆錄的時候，你可以直接幫我翻譯就好，我相信你，你的英文也不錯。」

我被英國人稱讚說英文不錯，內心有一點點虛榮感，想說沒有讓台灣檢察官丟臉。

可見人的潛力無窮，硬著頭皮要跟外國人講英文的時候，還是可以硬擠出一些東西。

但是因為法律規定的關係，我還是跟A男說：「謝謝你的肯定，但是依照台灣的法律，我不能直接用英文問你，然後自己翻譯，不然這樣就會失去公正性。所以我之後要問你筆錄，還是要用中文問你，但是你放心，我一定會幫你找到專業的翻譯。」

A男臉上原本剛硬嚴肅的線條慢慢柔和起來，勉強擠出一絲笑容說：「謝謝，不好意思，我應該站著跟你講話。」

我的腳蹲得也有點麻，所以跟A男一起慢慢站起來，並且向A男說我必須要進去解剖室進行解剖了，握手道別後，我就穿上裝備進去解剖室。其實，蹲在解剖室外面跟死者的家屬「聊天」，也是一個滿特別的經驗。

解剖結束之後，我再一次跟A男說，我會再安排時間，然後找翻譯在製作筆錄的時候幫他翻譯，雖然A男還是一臉憂鬱，但至少眼神跟語氣都不再那麼冷漠。回到辦公室之後，我馬上請書記官聯絡特約通譯，告知A男有翻譯的需求。敲定好通譯的時間後，我也立刻安排庭期請A男到地檢署來製作筆錄。A男在特約通譯的協助下，聽我說明整個相驗程序並製作完筆錄之後，連忙跟我道謝。

「檢察官謝謝，我覺得今天好像才有把我想講的話完整說出來，也知道發生什麼事，還有接下來的程序是什麼，心情好像輕鬆了一點。」

「這是我應該做的，在不是自己的國家接受司法調查，還要用自己不熟悉的語言，的確是會讓人感到害怕。你也可以謝謝專業的翻譯。」

最後，我向A男說明解剖鑑定結果出爐之後，會再通知他，另外發給正式的死亡證明書。A男就跟通譯一起離開偵查庭。

因為台灣目前法醫人數不足，所以解剖鑑定報告通常需要一、二個月的等待時間。當我收到法醫研究所的解剖鑑定報告，我也請書記官立刻通知A男再次到地檢署來。經過這一段時間，再一次見到A男，感覺到他似乎已經不再那麼有防衛心或距離感。而A男在聽我說明解剖鑑定報告內容之後，表示他已經了解報告內容，收下死亡證明書，似乎安心地微笑了一下，離開地檢署。

司法通譯制度的改善

現在外國人不管是求學、經商或通婚，在我國長期居留的情形愈來愈普遍。當外國人士居留在我國期間，碰到司法案件的時候，如果他本身不會中文，又沒有專業的通譯協助，加上法律規定的繁雜及法律術語的專業性，那麼他在司法程序上的權利非常有可能受到嚴重的影響，甚至會造成錯誤的判斷。在我處理過A男這件案件後，我就對司法通譯這個議題感到有興趣，所以找了相關資料研究了一下。

什麼是司法通譯？簡單來說，就是在偵查庭或法庭上擔任翻譯的人員，負責擔任被告或證人與檢察官或法官之間的溝通橋梁。

我發現我國司法通譯的報酬，相對於一般國際會議的同步翻譯或逐步翻譯都低了很多，而且因為沒有專門的考選訓練機制，所以司法通譯的專業性會遭到質疑，這一切的原因應該都可以歸咎到我們對於司法通譯的不重視。

雖然高等法院跟高等檢察署都有建置特約通譯名冊，大家上網都可以找得到，但是前面提到的問題並沒有因為有了這些名冊而有多大改善。

二〇一七年蔡英文總統召開「司法改革國是會議」，我也剛好受總統府的邀請而擔任其中一組的委員，就正好在討論要提出什麼樣的改革建議，來改善司法通譯制度。在司法改革國是會議結束之後，各部會好像都陸續有依照我們的建議，提出改善司法通譯制度的政策，但是我認為，到目前為止還是有很大的進步空間，或許，我們可以慢慢觀察這個制度的改變。

法律小知識

- 法院組織法第九十七條規定：「法院爲審判時，應用國語。」第一〇〇條規定：「前三條之規定，於辦理檢察事務時準用之。」所以依照法律規定，在法院或地檢署，講話的時候原則上都要用國語（其實我比較喜歡說是「中文」，因爲我們在台灣的國語應該包含很多種才對）。
- 刑事訴訟法第九十九條規定：「被告爲聽覺或語言障礙或語言不通者，應由通譯傳譯之；必要時，並得以文字訊問或命以文字陳述。前項規定，於其他受訊問或詢問人準用之。但法律另有規定者，從其規定。」所以參與刑事訴訟的人，不管是被告、告訴人或是證人，只要不懂中文，都應該要請司法通譯到場傳譯。
- 目前司法通譯沒有官方的考試資格認證，法院或檢察署雖然有教育訓練，但是時數其實不多，對於司法通譯專業性的建立，效果並不是很好。「台灣司法通譯協會」是一個民間的社團法人，雖然有培訓司法通譯的課程，結訓後會發給證書，但畢竟不是官方的認證，只能期待政府早日建立司法通譯的考試制度。

已經被凍結的軍事審判

我在軍事檢察署服兵役的日子

當兵，是一個男生一輩子都很難抹去的記憶。不知道是誰曾經講過：「如果要用一百萬換我當兵的回憶，我不願意；但如果給我一百萬要我再去當兵一次，我也不願意。」可見當兵這件事，讓一個男生是又愛又恨。每每跟當兵同梯的同袍聚會，總是有聊不完的當兵趣事，彷彿當兵也不過就是不久之前發生的事。

從軍隊獨立出來的軍事審判機關

在我從司法官學院結訓、分發當檢察官之後，大概過了一年多我才去服兵役。在成功嶺經過兩個月新兵訓練，後來又去國防管理學院接受三個月軍官專業訓。因為有檢察官的身分，加上有軍法預官的資格，所以我跟很多人的當兵經驗不太一樣，沒有經過抽部隊籤，就直接被派去當時的南部軍事檢察署當軍事檢察官。

很多人應該知道軍人犯罪的話要受軍法審判，但是可能很多人不知道以前「軍事審判」是附屬在部隊裡面，也就是各個軍種自行成立軍事法庭，而以前的軍事審判法規定：「國防部為最高軍事審判機關。」可以知道，以前所謂的軍事審判不是由獨立的司法審判機關來做，要怎麼判刑可能常常要聽從上級長官的「指導」，才可以做成判決，所以常被詬病：軍法審判根本不是公正獨立的審判程序。

因為以前軍事審判有這種行政權介入司法審判的疑慮，所以有人就去聲請大法官解釋。大法官就做成「釋字第四三六號解釋」，認為以前軍事審判法有一些條文違憲，所以要做必要之修正，而且為了貫徹審判獨立的原則，軍事審判法也必須要一併檢討改進。所以，立法院在民國八十八年十月二日修正通過新的軍事審判法，把「軍事法院」跟「軍事檢察署」獨立在部隊之外，嘗試建立獨立的司法審判空間。

在新的軍事審判法通過之後，國防部在全國的北中南東設立了軍事檢察署跟軍事法院，也就是在各地區設立軍事審判機關，負責審理軍人違法的案件。軍事審判機關不再隸屬於部隊。

暫時凍結的軍事審判制度

如果大家還有印象，在民國一〇二年七月，陸軍發生義務役士官洪仲丘在退伍之前死亡的事情，因為懷疑洪仲丘生前在部隊裡遭到凌虐，加上軍事檢察署的調查似乎沒有得到家屬的信賴，引起民眾群情激憤，最後引爆了社會運動。民眾發起了「白衫軍運動」，舉辦兩次遊行，就是「公民教召」遊行跟「萬人送仲丘」晚會，要求還洪仲丘一個公道，給家屬一個真相以及要確保軍中的人權保障。

因為「洪仲丘事件」，造成民眾對軍法審判的不信任，政府為了回應民意，立法院再次修正軍事審判法，規定現役軍人在非戰爭時期，如果觸犯陸海空軍刑法，由一般司法機關追訴處罰，避免軍方介入軍事訴追審判。也就是在平常沒有戰爭的時候，現役軍人犯陸海空軍刑法的罪，由一般檢察署偵查、起訴，起訴後由普通法院進行審理。所以軍事審判法及陸海空軍刑法並沒有被廢除，只是暫時被凍結而已，如果萬一不小心發生戰爭，還是會有軍事審判法的適用。

大家可能有發現，在大法官釋字第四三六號解釋之後，立法院雖然修正軍事審判法，但是軍事審判的主管機關還是行政院國防部，也就是說，軍事檢察署跟軍事法院還是都由國防部設立，進行偵查及審判。這樣的制度設計，可能還是沒有辦法完全脫離行政權介入司法審判的批評。

而軍隊是一個非常講究階級的地方，由國防部設立軍事檢察署跟軍事法院，來對觸犯陸海空軍刑法的現役軍人進行軍事審判。雖然說看起來像是獨立在各個軍事部隊之外，審判比較不會受到干擾，但是既然組織還是在國防部之下，如果各軍種的軍人，對軍法審判的本質沒有清楚的認識，或是軍隊中整體法治觀念不成熟，「軍階」的問題有可能或多或少會對審判獨立的要求造成干擾。

講到軍階可能會影響的軍事審判的問題，在我當軍事檢察官的時候，有兩件事讓我一直到現在都還印象深刻。

「你不羈押他，我很難帶部隊」

某一天，我在軍事地檢署內勤值班。跟一般地檢署內勤值班時，會搭配一位書記官的狀況不一樣，在軍事檢察署是由檢察官單獨值班，所以如果有案件的話，我就要一個人一邊訊問被告，一邊打字做紀錄。

內勤值班的那天晚上，心裡正想著真好，都沒有案件送進來，正在悠閒地看電視。突然之間，辦公室電話響了。

「南軍檢你好。」接起電話之後我習慣性地這樣說。

「請問是值班檢察官嗎？」

「我是，請問是哪個單位？」

「我是〇〇軍艦的上校艦長。」

「艦長您好，請問有什麼事需要協助？」

「檢察官啊，我們的軍艦剛剛在左營靠岸，船上有一位阿兵哥偷了同袍的錢，要怎麼處理？」

「艦長，我跟您說明一下，您們可以先聯絡憲兵，憲兵去跟嫌疑人還有被害人做完調查筆錄之後，把嫌疑人、相關證據跟卷宗送到我們南軍檢就可以了。」

「檢察官，是這樣喔，我想，是不是可以把這位偷錢的弟兄羈押起來？」

「艦長，您請憲兵先把人帶過來檢察署，然後我訊問過後，如果有羈押的必要，我會向軍事法院聲請羈押。」

「不是啊，我覺得應該直接羈押，不然對我的軍艦影響太大。」

「艦長，要羈押一個人喔，要符合一定的法律條件，不是說要羈押就可以羈押，以前檢察官說要押人就押人的年代已經過去了，現在檢察官只能向法院聲請羈押，而且就算我聲請羈押，法官也不一定會准。」

「你不羈押他，他對我的部隊會有不好的影響，我很難帶部隊。」

「艦長，我知道您的擔心，但是羈押就是要符合一定的法律要件，我還沒有訊問過您說的偷錢的人，我實在不能隨便答應您一定要羈押他。您就先請憲兵隊把人送過來檢察署，我問完之後，才能決定是不是要聲請羈押。」

「兄弟啊，你到底知不知道帶部隊有多難啊，你不羈押他，一直留在艦上，其他弟兄怎麼辦？這樣會對部隊造成很大的麻煩。」

「艦長，我知道帶部隊不容易，但是不能因為對您自己的領導統御可能會產生問題，就要求我現在答應一定要羈押，法律規定要一定的條件下才能羈押一個人，如果不符合羈押的原因及必要性，我不能違反法律的規定啊。」

「你是什麼階級？你到底懂不懂？」艦長的音量突然提高了。

不是在講法律嗎？怎麼突然講起軍階來了？我滿心懷疑。

「艦長，您不用在意我是什麼階級，我是軍事檢察官，我只是行使法律給我的權力而已。我已經說了，羈押就是有一定的法律要件，您不能因為您覺得船上有人偷錢會造成帶部隊有困難，就要我在還不知道符不符合法律規定下，答應您要羈押一個人，我不能做這種事。」

「叫你們檢察長來聽電話。」聽得出來艦長已經有點生氣了。

「艦長，現在已經是晚上了，檢察長已經下班回家，現在是我值班，有什麼事情我處理就可以……」

咔拉一聲，「嘟嘟嘟嘟……」艦長掛了電話。

既然艦長把電話掛了，我也不知道艦長接下去要怎麼處理，只好繼續看電視的NBA轉播。

過了大約二十分鐘，檢察長進來辦公室，本來還在狐疑為什麼檢察長這麼晚還到辦公室——

「今天你值內勤啊？」檢察長親切地問。

「是啊，檢察長這麼晚還來辦公室？我有把辦公室顧好喔。」

接著，檢察長問我剛剛艦長打電話進來發生什麼事。我把事情經過跟檢察長報告一遍，檢察長聽了之後，只說：「那，這件案子你就不用處理了。」然後檢察長就又離開辦公室。

我當時心裡想：「好吧，既然不用處理，那就不用處理吧！反正艦長也沒有繼續打電話來了。」繼續看電視吧，NBA打得正精采。

妨害軍事安全之虞？

隔天下午，辦公室另外一位檢察官學長來問我，昨天是不是有一件軍艦上竊盜的案件？我說是啊，然後又把昨天晚上發生的事，跟學長說一遍，學長就說這件案件檢察長已經請他處理。

「學長，那你怎麼處理？」

「我訊問過後，就用『有事實足認非予羈押即有妨害軍事安全之虞』這一款規定，向法院聲請羈押啊。」

「喔，原來在軍艦上偷同袍的錢的這個事實，可以認為那個阿兵哥有妨害軍事安全之虞啊！」這或許是偵辦一般案件跟軍事案件的不同之處，我也算是學到了一點新的想法跟觀念。

「就看看法院怎麼裁定好了。」學長講完轉身離開。最後那一位阿兵哥有沒有被羈押，我也沒有多追問了。

指揮官決定誰是被告？

另一件跟軍階有關的事情也讓我記憶猶新。

某天，書記官拿新收的案件給我，我一看案由是「遺失武器彈藥」，突然眼睛一亮，因為在軍事檢察署處理最多的案件是逃兵或是酒後駕車，所以看到這個新的案由，覺得很新奇，所以馬上把卷宗打開看看案情是什麼。

案情說實在地非常簡單，就是某部隊出去打靶，在清點彈藥的時候，發現數量不對，在核對軍械室資料以後，才知道有子彈不見了。在經過調查之後，憲兵移送涉嫌遺失彈藥的被告，是一名剛下部隊沒多久的阿兵哥。

打靶當天有進出軍械室的名單也附在卷宗裡，我看了一下，除了那名阿兵哥之外，還有班長、排長、連長，甚至營長都進去過。我就覺得很懷疑，為什麼憲兵是單獨移送阿兵哥是被告？

為了釐清案情，我就先發傳票給負責行政調查的監察官，監察官到庭之後，我詢問為什麼指揮部會認為那一位阿兵哥，是有可能把彈藥弄遺失的被告？監察官跟我說：「檢察官，我只負責盡力還原事實真相，但是我把報告送到指揮部之後，要移送誰來地檢署，應該要問憲兵比較清楚。」

於是我請書記官聯絡負責調查的憲兵，請他到軍事地檢署來說明案件偵辦的經過。

「調查官，這件遺失彈藥的案件主要是你負責偵辦？」我問憲兵調查官。

「是。」

「那可以請你跟我說一下，為什麼會認為是這個剛下部隊的阿兵哥把彈藥弄不見，移送他來地檢署？」

「這不是我決定的，我是調查完之後，把相關的卷證資料送到指揮部，由指揮官決定要移送哪個人。」

「但是指揮官沒有參與調查過程，他怎麼會知道誰有可能是被告？」

「反正我就是把資料送到指揮部，由指揮官決定。」

「你是這個案件主要的承辦人，難道指揮官都沒有問你的意見就自己決定？」

「就是指揮官決定。」

「你們指揮官都沒有像我這樣詢問你的意見？」

「今天找我來，如果要問我的意見喔，我可以跟你說，我是一個少校憲兵，為什麼要來跟你這個『少尉』報告什麼事情！」

「你有司法警察的身分，我是軍事檢察官，我對你偵辦的案件有疑問，你為什麼覺得你可以不用來跟我說明？只因為我是『少尉』？」我提高音量地說。

憲兵調查官一陣沉默不語。

「既然你說都是指揮官決定，那我就發傳票請你的指揮官來說明囉。」我決定不繼續追問他了。

「好啊！」少校憲兵似乎不服氣地說。

在一陣尷尬的氣氛當中，結束了開庭。

為軍隊存在，但不為軍隊服務

下庭之後，我馬上交代書記官寄送證人傳票給指揮官，請指揮官來說明一下，當初這件案子調查的經過，以及為什麼會單獨移送這名阿兵哥。

「姚檢察官，真的要把中將指揮官傳來當證人嗎？」書記官一臉神祕微笑地說。

「要啊，不然監察官跟憲兵不是都說不知道為什麼會移送這個被告？我要查清楚啊，不可以隨便誣賴別人啊！」

「喔，好吧，那我先去製作傳票寄出去。」

隔天一大早上班，書記官急忙忙地來跟我說：「姚檢察官，要給指揮官的傳票我已經做好了，但是還沒有寄出去。」

「那就趕快寄出去吧。」心裡一陣狐疑，為什麼傳票還沒有寄出去這種事，要特別一大早跟我說。

「可是……」書記官面露難色。

「有什麼問題嗎？」，

「我做好傳票準備要去寄的時候，主任檢察官有看到，問我為什麼要寄傳票給中將指揮官？我說因為要釐清為什麼是移送這個被告。主任就叫我先不要寄。」

「主任有說為什麼不要寄嗎？」

「主任就要我先不要寄傳票，我沒有多問，想說先來跟你報告。」

「沒關係，我去跟主任溝通一下。反正有什麼事的話我負責就好，你不用擔心。」

敲了主任辦公室的門，我進到主任辦公室。

「什麼事啊？」主任笑容滿面。

「主任，我請書記官寄證人傳票給指揮部的指揮官，要請指揮官來作證一下，書記官說你要他不要寄傳票。」

「你要傳指揮官來喔？」主任表情開始有點僵硬。

「對啊，因為監察官說不知道為什麼要移送這個阿兵哥當做被告，憲兵也說不知道，說是指揮官決定的，我跟憲兵說那我要找指揮官來問喔，他還說好。」

「你知不知道指揮官是中將？」

「我知道啊，啊中將不能來當證人嗎？」

「不是，指揮官是中將，我們檢察長是上校，這樣到時候指揮官來檢察署，檢察長要去門口迎接他嗎？」

「不是啊，主任，他是來當證人耶，為什麼檢察長要去迎接他？」我發誓我是真心疑問，不是白目唱反調。

「雖然我們現在獨立在軍隊之外，但是我們還是為軍隊服務，可能還是要注意一下軍中階級。」

「主任，軍事審判是因為軍隊才存在沒有錯，但是我們不是為軍隊服務。你記不記得之前阿扁總統，他因為花蓮選舉時候的頭目津貼，還去花蓮地檢署作證，他下車之後，沒有紅地毯，總統也是自己走進地檢署，花蓮地檢署檢察長有去門口迎接他嗎？那為什麼我們檢察長要去迎接指揮官？阿扁總統可以，中將指揮官不行嗎？就把他當成一般證人就好了啊。這跟軍中階級無關吧！」

「你這件案子沒有傳指揮官作證就不能辦了嗎？」

「我想要釐清為什麼是這個阿兵哥被當成被告移送，明明很多人進去過軍械室啊。案子當然還是要辦，但我覺得不可以隨便誣賴人，尤其遺失槍彈是很嚴重的事啊！」

「你先不要發傳票，我想一下。」

我點點頭，離開主任辦公室。我也很想知道主任當時腦海的想法是什麼。

過了幾天，我的桌上有一件指揮部來的公文，看了一下，內容大概是之前遺失的槍彈，前幾天在營區內的大垃圾桶旁邊找到了，經過清點之後，子彈已經沒有少了。

我心想，既然部隊已經找到子彈，那這件案子應該比較好處理了。

「軍階」可能左右軍法案件的偵查？

大家一定很想知道，我後來有沒有發傳票給指揮官？我又怎麼把這件案子結案？後來，為了不讓主任檢察官跟檢察長覺得為難，所以我沒有發傳票給指揮官。畢竟，我只是「義務役」軍官，時間到了我就要退伍，但是主任檢察官跟檢察長是「志願役」軍官，還要在軍事檢察署待很久。後來，我真的體會到，在軍中，就算是獨立在部隊以外的軍事偵查及審判機關，還是會需要注意到「軍階」這個問題。

至於這件案子該怎麼結案呢？因為陸海空軍刑法有規定，遺失彈藥是要「致生公眾或軍事之危險者」才會處罰，既然指揮部已經發文跟我說子彈已經找到了，那麼應該可以認為是沒有產生軍事危險；既然沒有產生軍事危險，那麼就不會構成陸海空軍刑法的遺失彈藥罪，所以我就做了不起訴處分。至於其他進去過軍械室的人，當然也就沒有查證的必要了。

雖然目前我們的普通司法審判系統好像給人民的信賴度不高，但是至少沒有受到太多「階級」的干擾。目前台灣跟中國的情勢看起來好像很緊張，我時常祈禱不要發生戰爭，因為只要發生戰爭，軍事審判制度就會恢復，到時候會不會又發生「軍階」問題，造成對軍事審判法案件偵查或審判的干擾的情形呢？

法律小知識

- 憲法第九條有規定：「人民除現役軍人外，不受軍事審判。」所以依照我國憲法的規定，我國目前是存在有軍事審判制度的，只是目前仍然存在有軍事法院的國家應該不多了。
- 依照目前的軍事審判法規定，現役軍人在「非戰爭」的時候，如果有犯陸海空軍刑法的罪，是由普通法院審判，而不是由軍事法院審判；但如果發生戰爭的時候，就又由軍事法院審判。
- 確切來說，目前我國仍然有軍事審判制度，只是因爲現在沒有發生戰事，所以暫時被「凍結」而已，並不是已經廢除軍事審判制度。

襯衫與司法官形象

檢察官是怎麼「煉」成的？

台灣的司法官到底是怎麼養成的？我想應該很多人有點好奇。

在台灣，講到「司法官」一般都是指檢察官跟法官。可能有些人知道，在美國，檢察官跟法官是選舉產生的；但是在台灣，檢察官跟法官是透過考試產生的，跟德國還有日本一樣，只不過在考完試之後，接受訓練的過程不太一樣。

通常來說，在台灣，念法律系畢業的學生都會去參加國家考試，以取得司法官或律師的資格。在我考試的年代，如果要取得律師或司法官的資格，要參加兩個不一樣的考試，就是「司法官特考」跟「律師高考」，兩個考試都通過的話，就可以兼具有司法官及律師的資格。

目前台灣已經沒有司法官跟律師兩個不同的考試，因為考試院已經將這兩個不同的考試合而為一，就是以後法律系畢業的學生只要參加一項考試，通過這個考試之後（但是司法官跟律師的錄取門檻還是各有不同），再經過一段時間的實務訓練，就可以自己選擇要當檢察官、法官或律師，這樣據說可能可以減輕一點考生的負擔。

都說台灣跟德國一樣，司法官是用考試產生，台灣的法律有很多也都是從德國學來的。在台灣受過法律教育訓練後，我也曾經去德國念過幾年書，對德國的法學教育有一些了解，我們可以先來看看德國的檢察官跟法官是怎麼養成的。

德國的法律教育

在德國，法學的教育主要分成兩階段：第一階段就是大學的法律系，以第一次國家考試做為結束；第二階段是實習，並以第二次國家考試結尾。他們把這個叫做「國家考試學程」。如果第一次國家考試沒通過，就是法律系沒有畢業，連畢業證書都沒有。而且，一個人一輩子只能考兩次，如果兩次都沒考過，那就不能再考了，也沒有法律系畢業的學位。所以，其實，德國念法律系的輟學率還滿高的。

進一步來說，德國法律教育的第一階段主要是學習法學理論，第二階段是重視實務工作。正規的大學教育通常是七個或八個學期（即三年半或四年），事實上，只有很少數的學生能在這段時間內完成，平均來說，一般學生通常需要花九個或十個學期，需要花費十二個學期的學生也不在少數。在大學的法律系，要上的課通常有一般法律領域（義務課程）、特別法律領域以及外文。

一般法律領域的範圍依德國各邦規定而有不同，但通常來說包括了民法、商事法、勞動法、刑法、憲法、行政法、歐洲法及民事與刑事訴訟法；特別法律領域（例如稅法、社會法、媒體法、經濟法及環境法等等），則不僅僅是針對將來特殊領域的法律先做介紹，同時也會培養了學生將來從事學術研究的能力。除此之外，在學校念書的階段，學生有三個月的實習義務，可以在法院、行政機關、律師事務所、公證處所，甚至在海外完成。

在大學經過七或八個學期之後，如果學生認為自己已經準備充分了，就可以登記參加第一次國家考試，考試的過程也是依據各邦不同的規定。但總體來說，包含了各學校的特別法律領域的考試，及各邦司法機關的義務課程的考試，某些邦還會加考外文。就特別領域部分的考試，各邦規定也不同，有的只要求筆試，有的只要求口試，有的則是筆試跟口試都要。

至於義務課程部分的考試也有不同。在北德是由三個部分組成：第一部分是家庭作業，學生有六個禮拜的時間可以完成；第二部分是三個筆試，每一個筆試學生有五個小時針對實際的法律問題做解答；最後部分是口試。至於在南德，例如巴伐利亞邦，就沒有家庭作業，而是用更多的筆試來取代。

如果通過第一次國家考試，就可以被稱為「國家的候補官員」（Referendar）。在通過第一次國家考試之後，通過考試的學生有實習的權利，這主要是讓學生能熟悉傳統的法律實務工作。實習為期兩年，並區分成不同階段。

大致上來說，有三到五個月在民事法院，三到四個半月在刑事法院，三到四個月在行政機關，九到十個月在律師事務所，其餘三到六個月則可自由選擇處所，例如公證處所、（非）法人團體、民間公司或大學法學院，當然也可以選擇在海外實習。

雖然在國家考試的考題中，仍有大部分是要求考生用法官的角度來回答問題，但是跟過去相比較，現在的實習從法官及檢察官的養成，轉向律師的養成，因為根據統計，大約只有十分之一的實習生將來會從事法官或檢察官工作。

在實習之後，緊接著就是第二次國家考試。第二次國家考試最多有十一個筆試，每一個筆試同樣也是五個小時的時間，另外加上口試，在許多邦裡甚至還要求考生發表演講。如果沒有通過第二次國家考試，跟第一次國家考試一樣，只有再一次參加考試的機會，除非在極為例外的情形，才會再有第二次應考的機會。

通過第二次國家考試的考生，可以獲得「國家候補文職人員」（Assessor）的頭銜，同時已經被認為具有「法官職務的能力」。

也就是說，通過考試的人有要求成為法官的權利。具備法官的職務能力時，同時也被認為是所謂的「完全法律人」（Volljurist），這也是大部分法律工作的前提要件。只有完全的法律人可以成為法官、檢察官、律師、公證人或高階的行政文官，有些民間公司也偏愛聘用完全法律人。

第二次國家考試的成績，在選擇職業上扮演一個很重要的角色，成績比較好的人，比較有機會進入國家的司法部門，或是其他行政機關工作，因為這些工作在德國來講有比較好的保障及聲望。

台灣的法律教育與養成

看完德國的制度之後，回過頭來看看台灣。

台灣的檢察官或法官「通常」都是法律系畢業的。會說通常，是因為有些人不是法律系畢業，但是大學畢業且修完一定數量的法律學分後也可以參加司法官考試。

在司法官跟律師兩個考試還同時存在的時候，法律系畢業的學生大部分都會去參加司法官特考跟律師高考。律師高考的筆試及格之後，就要去參加律師職前訓練一個月，再到律師事務所實習六個月，就可以自己執行律師業務。

而司法官考試分成筆試與口試兩部分。在我參加考試時，筆試考三天，總共考九個科目，通過後再參加口試。我當時去口試，就是三個口試委員輪流問問題。筆試跟口試兩個成績加總之後，才決定有沒有錄取。錄取之後，就要去「司法官學院」（以前叫做「司法官訓練所」，以下都用「司訓所」代稱）參加為期兩年的受訓。現在受訓的課程規劃應該是跟我當時的情形不太一樣，不過大致上應該不會差太多，所以我還是來聊聊以前受訓的情形。

我印象很深刻，在通過司法官考試後，有一天我媽媽跟我說，有管區員警到家裡問：「○○○是不是住在這裡？他考上司法官。」然後跟我媽閒聊一下就離開。我想這應該是身家調查吧！之後司訓所派了一位「導師」來做家庭訪問，了解家裡的狀況，以及去司訓所受訓的時候要注意什麼事情。接下來就是等待受訓時間的到來。

在「辛亥監獄」的司法官培訓

在做完家庭訪問之後，還等了一陣子才開始真正的受訓期間。從我通過司法官考試，一直到去司訓所受訓，大概等待了將近一年，在這段期間，我一直考慮要不要去受訓？也自問我適不適合當司法官？內心很猶豫。在開訓的那天，我一早起床就坐在當時我租的小套房裡想：「我到底要不要去？」

最後，我還是決定去看看吧。當我騎著摩托車到司訓所時，我的導師站在門口等我：「你終於來了，我還以為你不來了，你是最後一個來報到的。」我尷尬地笑了笑，走進司訓所，開始兩年的司法官培訓。

在當時，司法官培訓大概分成三個階段，在這個階段我們都被稱為「學習司法官」。第一階段是在司訓所內上課六個月，內容是以前在大學教育裡沒有碰觸過的專業法律課程，但是將來在實務工作常常會用到的法律，也要學習在一個真實案例中，法律的程序要怎麼開始進行、怎麼結束。更重要的是，要學怎麼寫裁判的書類（包括判決書、起訴書或不起訴書）。

講到學寫裁判書類啊，如果有看過法官的判決或檢察官的起訴書或不起訴書，應該常常會覺得，每個中文字單獨拆開都看得懂，為什麼寫成一個句子之後就看不懂呢？轉來轉去，繞來繞去，看完整篇頭都暈了，還是看不懂。我常常在想，我們寫這些東西，不就是為了要幫人民解決一些紛爭嗎？如果當事人看不懂，那他們怎麼知道最後為什麼是這樣的結果呢？寫得這樣彎彎曲曲，中間還夾雜一些文言文，難道只是為了凸顯法律的專業性跟複雜性？

尤其是，很多人喜歡用「負負得正」的寫法，例如「難謂其無犯罪之故意」，或是「尚難認被告辯詞毫無可採之處」。其實，為什麼不寫「有犯罪的故意」，或「可以採信被告的辯解」就好了呢？

當我成為實任檢察官之後，我就常常在想，既然我寫的起訴書或不起訴書是要給當事人看的，那我就應該寫得白話一點，不然當事人看不懂有什麼意義？所以，雖然寫白話文要用比較多字句來說明，但是我還是努力地寫，希望收到我寫的起訴書或不起訴書的告訴人或被告，都可以很容易讀懂。

在司訓所裡上課的那六個月，說實在的，上課的內容是什麼我已經不太記得。但是一直到現在我還忘不了的事情就是，司訓所要求集體強制住宿、有門禁，甚至每個禮拜要寫週記。對早就已經擺脫週記跟門禁多年的我來說，當時真是難以想像有這樣的事。那時候的我在想，這裡到底是司法官培訓的場所，還是軍隊或監獄？

所以其實有些人常常戲稱司訓所是「辛亥監獄」（因為司訓所在台北市的辛亥路上）。雖說現在已經取消強制住宿跟門禁，但是對於跟我資歷相近的司法官來說，應該都對那段「辛亥監獄」的日子難以忘懷。

司訓所六個月課程結束前，會有一次筆試，測驗之前的上課內容，如果成績沒有通過，就會被司訓所要求重訓。我們的前一期有兩位學習司法官因為筆試沒過，被要求重訓，所以我們這一期的同學念起書來特別用功。

地檢署、地方法院與行政機關的實習經驗

六個月在司訓所的理論課程結束後，接下來就是要去各個地檢署跟地方法院實習，學習處理實際發生的案例。

在地檢署實習，主要會跟著檢察官去看偵查、公訴跟執行業務都在做什麼事情，也會一起輪值外勤跟內勤，但僅止於在旁邊看，不會實際對一個案子做決定，但是指導的檢察官會請學習司法官對某件已經可以結案的案件，試擬起訴書或不起訴處分書，再看看有沒有需要修正的地方。

而在地方法院實習跟地檢署則不太一樣，因為法院有分民事法庭跟刑事法庭，所以在地方法院的實習時間會比較長一點。會由民事庭法官跟刑事庭法官帶著學習司法官開庭，最後也會要求學習司法官對於民事案件或刑事案件，試寫一份判決書。

在地檢署跟地方法院實習的時間大概是一年，結束後再到行政機關去實習，了解一些行政機關的業務跟流程。

在我去司訓所受訓之前，司法官培訓的時間只有一年半，但是後來常常有人批評司法官平均年齡太低，很多都是學校畢業之後就通過司法官考試，沒有什麼社會經驗。而年輕的司法官有時被戲稱為是「三門法官」（只有經過家門、校門跟衙門）或是「奶嘴法官」，在沒有什麼社會歷練的情形下，因為缺乏必要的社會知識，被認為沒有辦法好好公正客觀地判案。

所以當時的法務部長陳定南部長才決定，司法官應該到各個不同的行政機關見習，彌補社會經驗的不足。也因為這樣，才多了半年到行政機關實習的時間。

當時我是去環保署、營建署、中央信託局跟金融局（現在的金管會銀行局）實習，跟同期同學交換實習的心得，我們發現這些行政機關對學習司法官都很禮遇，而且盡可能清楚地說明他們業務上可能遇到的法律問題，避免將來實際遇到的案件會有誤判的可能性。總之，雖然比以前多了半年的實習時間，但我覺得到行政機關了解不一樣的行政業務，確實讓我後來在地檢署辦案時，更知道某些案件的偵辦方向。

歷時八年成為一名合格的檢察官

全部的實習結束後，大家再度回到司訓所考試。這次是拿一些曾經發生過的案例卷宗，要我們寫判決、起訴或不起訴書。考完筆試，與完成接下來的口試，整個司法官的受訓大概就接近尾聲了。在結訓之前，要先將之前在司訓所上課的考試、實習跟最後筆試口試的成績加總，計算總分，決定排名與分發，排名愈前面就可以愈優先選擇要當法官還是檢察官，也可以優先選擇去哪一個地檢署或地方法院。

選定後，在實際工作之前還會有幾個禮拜的「分科教育」。也就是會把選擇當檢察官跟法官的人分成兩班，做最後的「職前教育」，交代分發之後，開始自己承辦案件時會需要注意的地方。

以檢察官來說，結束司法官訓練，分發到某個地檢署後，一開始是「候補檢察官」，之後如果通過書類（就是起訴書或不起訴書）的審查，就會依序成為「試署檢察官」跟「實任檢察官」，這中間大概會經過六年的時間。

所以，要成為一名合格的實任檢察官，從司法官受訓開始起算，總共要經過八年，其實也是一段不算短的時間。

什麼才是真實的「司法官形象」？

如果問我受訓的時候印象最深刻的事情是什麼？應該是在我要進去司訓所之前，導師有跟我說要注意「司法官形象」，所以上課要穿襯衫的這件事吧。但是我實在很不喜歡穿襯衫，所以我仍然每天穿T恤去上課。某次導師終於忍不住，私下稍微嚴肅地跟我說，以後出去工作要穿襯衫，這是司法官形象問題。

我聽完導師的話之後，問他：「老師，以後我每天穿T恤去上班，但是我每件案件都認真地幫當事人查清楚，不冤枉好人，不放縱壞人，這樣跟那些每天穿西裝襯衫打領帶，但是私底下卻會去關說，然後收錢辦事的人，哪一種比較破壞司法官形象？」

導師愣了一下，有點不知所措，只跟我說說：「你注意形象就好。」

到現在，我還是沒有辦法確認所謂的「司法官形象」——這個抽象的東西到底是什麼？在我當檢察官多年之後，司法圈爆發了醜聞：有些法官跟檢察官與某位富商之間有不正當的往來，並且收了有繡有名字的襯衫等不正當餽贈，讓法官跟檢察官辦案的公正性，在人民心中被大大打了折扣；本來就已經不高的司法信任度，再次被打得奄奄一息。

這時候，我才真正了解，原來「襯衫」真的是會影響司法官形象的！

法律小知識

- 在台灣，法律系畢業，或大學畢業且修完一定數量的法律學分之後，就可以去參加司法官特考跟律師高考考試。以前是兩個考試都通過，才會同時有司法官資格跟律師執照。不過現在已經改成是同一個考試，通過考試的人可以自己選擇當司法官或律師。
- 「司法官學院」是培訓司法官的地方，也是檢察官在職進修的地方；「法官學院」則是司法院辦理在職法官進修的地方。這兩個是不一樣的機關，常常有人搞混。
- 檢察官、法官跟律師這三個工作是可以互相轉任，律師執業一段時間可以申請轉任法官或檢察官，法官或檢察官也可以辭職之後去當律師。

我不是人家說的那種 HERO：
11 篇檢察官法庭陪伴與法律實踐的故事

看世界的方法 258

作者——姚崇略

全書設計——吳佳璘
責任編輯——施彥如
台文審校——鄭清鴻

發行人兼社長—許悔之
總編輯——林煜幃
副總編輯——施彥如
執行主編——魏于婷
美術主編——吳佳璘
行政專員——陳芃妤

藝術總監——黃寶萍
策略顧問——黃惠美・郭旭原
郭思敏・郭孟君
顧問——施昇輝・林志隆・張佳雯
法律顧問——國際通商法律事務所
邵瓊慧律師

出版——有鹿文化事業有限公司｜台北市大安區信義路三段106號10樓之4
T. 02-2700-8388｜F. 02-2700-8178｜www.uniqueroute.com
M. service@uniqueroute.com

製版印刷——沐春行銷創意有限公司

總經銷——紅螞蟻圖書有限公司｜台北市內湖區舊宗路二段121巷19號
T. 02-2795-3656｜F. 02-2795-4100｜www.e-redant.com

ISBN——978-626-7262-72-6
初版——2024年5月

定價——380元

＊本著作完成於2024年4月30日

我不是人家說的那種 HERO：11 篇檢察官法庭陪伴與法律實踐的故事 / 姚崇略著 —初版．
—臺北市：有鹿文化，2024.5．面；14.8×21 公分 —（看世界的方法；258）
ISBN 978-626-7262-72-6（平裝）　法律教育、法學素養、檢察官　580.3 ………… 113004044